Heinrich Düntzer

Erläuterungen zu den deutschen Klassikern

Heinrich Düntzer

Erläuterungen zu den deutschen Klassikern

ISBN/EAN: 9783742816191

Hergestellt in Europa, USA, Kanada, Australien, Japan

Cover: Foto ©Thomas Meinert / pixelio.de

Manufactured and distributed by brebook publishing software (www.brebook.com)

Heinrich Düntzer

Erläuterungen zu den deutschen Klassikern

ERLÄUTERUNGEN ZU DEN DEUTSCHEN KLASSIKERN: ABT. ERLÄUTERUNGEN ZU WIELANDS...

Heinrich Düntzer

Erläuterungen
zu den
Deutschen Klassikern.

Zweite Abtheilung:

Erläuterungen zu Wielands Oberon.

Leipzig,
Ed. Wartig's Verlag
(Ernst Hoppe).
1880.

Wielands Oberon.

Erläutert
von
Heinrich Düntzer.

Zweite, neu durchgesehene und vermehrte Auflage.

Leipzig,
Ed. Wartig's Verlag
(Ernst Hoppe).
1880.

Eine Treu, die keines Sturmwinds Stoß
Erschüttert, eine Treu, die keine Probe mindern,
Kein Reiz betäuben kann.

I. Entstehung.

Beruht Wielands Bedeutung für die Geschichte deutscher Bildung und Dichtung hauptsächlich auf der Verbreitung einer freiern Anschauung, einer gewandtern, gefälligern, sich anmuthig anschmiegenden Sprache, auf der Vermittlung eines regern allseitigen geistigen Lebens im großen deutschen Vaterlande und auf dem Ansehen, welches er unsern schönwissenschaftlichen Schöpfungen auch in höhern Kreisen der Gesellschaft zuzuwenden wußte, so verdanken wir doch auch seiner Dichtergabe mehrere Werke, welche durch reine Gemüthlichkeit, lebhafte Auffassung und anziehende Darstellung selbstständigen Werth und einen gesicherten Platz unter den unvergänglichen Schätzen deutscher Dichtung sich erworben haben, dürfen sie auch keinen Anspruch erheben auf die allerhöchsten Ehrenstellen dichterischer Würde. Wir meinen die Abberiten, die kleinen romantischen Erzählungen und Oberon. Wie Goethe von letzterm zur Zeit seines Entstehens bezeichnend weissagte, so lange Poesie Poesie, Gold Gold und Krystall Krystall bleibe, werde er als ein Meisterstück poetischer Kunst geliebt und bewundert werden, so äußerte er in spätern Jahren, gar manche jener kleinen Erzählungen würden noch lange Zeit als wohlgeschliffene Edelsteine in der Krone deutscher Literatur gelten.

I. Entstehung.

Als Goethe im November 1775 nach Weimar kam, war bei Wieland die Durchgangszeit jener trotz aller vorschwebenden natürlich sittlichen Belehrung lüstern zwischen Tugend und Wollust, geistiger, sinnlicher und roh wüster Liebe spielenden Dichtungen eines Idris, Agathon, Amadis längst vorüber, er hatte bereits vor zwei Jahren die Abderiten begonnen und zum Theil veröffentlicht, worin er ein ergötzliches Bild der kleinstädtischen Beschränktheit und dünkelhaften Verschrobenheit in ihrem ewigen Kampfe gegen selbstbewußte Weisheit und klare, tief schauende Einsicht entwarf, und eben hatte er sich seinen mit dem aus Tausend und eine Nacht geschöpften Wintermärchen beginnenden kleinen Erzählungen zugewandt, die hoch erhaben stehen wie über seinen frühesten gefühlsseligen so auch über den nach seinem entschiedenen Umschlage im geraden Gegensatze dazu gedichteten sogenannten komischen, griechischer Sage entnommenen Erzählungen, welche durch ihre faunenhafte Enthüllung nackter Natürlichkeit jeden reinen Sinn anwidern. Erst in diesen kleinen romantischen Erzählungen fand sich Wieland in seinem eigentlichen Lebenskreise, da er ohne Rücksicht auf eine angenommene Richtung und Bestimmung dem Zuge seines heitern Gemüthes und seiner frischen, mit jugendlicher Lebhaftigkeit sprudelnden, wenn auch nicht glühend erregten, nicht mächtig schöpferischen Einbildungskraft sich frei überließ. Goethe ermahnte ihn bringend, sich gerade an solche Stoffe zu halten, und er bedauerte die Zeit, welche Wieland des Erwerbes wegen auf das Fabrikwesen seiner seit 1773 als deutscher Merkur erscheinenden Monatsschrift verwenden mußte. Um so glücklicher war er, als der Freund bald darauf im Oberon einen größern, ganz für ihn geschaffenen Stoff entdeckte, auf

Kleine romantische Erzählungen. Oberon. 1778.

dessen vollendetste Ausbildung er alle seine Kräfte zu verwenden und bei dessen sorglichster Darstellung er alle bisher gewonnene Gewandtheit, Lebendigkeit und Anmuth des Ausdrucks zu verwerthen sich vorsetzte. Wie er bereits zu Geron dem Abligen, zum Sommermärchen, zu Hann und Gulpenheh und zum Pervonte den Sagenstoff in der zu Paris seit dem Juli 1775 vom Marquis de Paulmy herausgegebenen Bibliothèque universelle des Romans*) gefunden hatte**), so entnahm er dieser Zeitschrift auch die Oberonfabel, und zwar dem zweiten Aprilbande des Jahres 1778. Unzweifelhaft fällt der erste Gedanke des Oberon bald nach dem Erscheinen des betreffenden Bandes, doch schien dem Dichter der Gegenstand so gewichtig, daß er mit sehr großem Bedacht an die Ausführung ging, und da er etwas Bedeutendes zu liefern sich vorsetzte, nur sehr langsam vorschritt. Die Ausführung begann im Herbst 1778 nach Vollendung des Pervonte. Den 22. Februar 1779 schreibt er an

---

*) Sie wird näher bezeichnet als ouvrage périodique, dans lequel on donne l'analyse raisonneé des Romans anciens et modernes, Français ou traduits dans nôtre langues; avec des anecdotes et des notices historiques et critiques concernant les auteurs ou leurs ouvrages; ainsi que les moeurs, les usages du temps, les circonstances particulières et relatives et les personnages connus, déguisés ou emblématiques. Für den Dichter Wieland, den Herausgeber des Merkur, konnte es kaum ein anziehenderes Werk geben als diese auch in Deutschland verbreitete Monatsschrift, nach deren Vorbild der gothaer Bibliothekar H. A. D. Reichard seit 1778 seine „Bibliothek der Romane" herausgab. Aus der Bibliothèque universelle des Romans schöpfte Herder später den Cid.

**) Hann und Gulpenheb, wozu Wieland die Histoire du tailleur et de sa femme im Oktoberhefte 1777 der Bibliothèque benutzt hatte (R. Köhler in Schnorrs „Archiv für Literaturgeschichte" III, 416 ff.), erschien im ersten Vierteljahre 1778 des Merkur.

I. Entstehung.

seinen Freund Merck in Darmstadt: „Mit meinem Stanzen=
werk rückt's allmählich wacker fort. Ich pinsle nur in meinen
guten Tagen und Stunden dran, und sehne mich eben nicht
nach dem Ende dieser wollüstig mühsamen Reise im Lande der
Phanthasei. Das Publikum soll aber noch sobald nichts davon
zu sehn bekommen, und das hauptsächlich aus der Ursache,
deren du in deinem Briefe erwähnst." Merck hatte ihn näm=
lich gemahnt, im Merkur nicht zu viel Märchen zu bringen,
wie sehr er selbst auch durch diese trefflichen Dichtungen sich
erfreut fühlte. Dringliche Arbeiten für den Merkur nahmen
Wieland gleich darauf ganz in Anspruch, so daß er erst im
Mai zum Oberon zurückkehren konnte, als Goethe eben durch
seine Iphigenia eine mächtige Wirkung geübt hatte. Am 31.
wurde Merck vom Hofe, Goethe, Wieland, Einsiedel u. a. bei
Ettersburg freundlich empfangen. In Weimar blieb er bis
zum 13. Juli. „Seitdem du aus meinen Augen hinweg=
genommen", schreibt Wieland diesem am 1. August, „hab' ich
wieder eine Centaine von Stanzen gemacht, an denen ich Freude
zu erleben hoffe. Das Opus wächst allmählich, und ich sehe,
daß man langsam endlich auch weit kommt." Wenigstens fünf
Gesänge (der fünfte Gesang schloß in der ersten Ausgabe mit
Strophe 63)*) waren damals bereits ausgeführt. Welchen
innigen Antheil Goethe an der trefflichen Dichtung nahm, be=
zeugt Wielands eigene Aeußerung in demselben Briefe: „Mit
Goethen hab' ich vergangene Woche (am 26. Juli) einen gar
guten Tag gehabt. Er und ich haben uns entschließen müssen,

---

*) Daß er im Sommer den vierten Gesang gedichtet, ergibt sich aus seinem
Briefe an Frau von Laroche vom 4. Februar 1780.

Februar bis August 1779.

dem Rath May zu sitzen, der uns ex voto [nach dem Wunsch] der Herzogin von Würtemberg für Ihre Durchlaucht malen soll. Goethe saß Vor- und Nachmittag, und bat mich, weil Serenissimus absens [der Herzog abwesend] war, ihm bei dieser leidigen Session Gesellschaft zu leisten und zur Unterhaltung der Geister den Oberon vorzulesen. Zum Glück mußte sichs treffen, daß der fast immer wüthige Mensch diesen Tag gerade in seiner besten, receptivsten Laune und so amüsable war wie ein Mädchen von sechzehn [Jahren]. Tag meines Lebens hab' ich niemand über das Werk eines andern so vergnügt gesehen, als er es mit dem Oberon durchaus, sonderlich mit dem fünften Gesang war, worin Hüon sich von dem kaiserlichen Auftrag verbotenus [buchstäblich] acquittiret. Es war eine wahre jouissance für mich. Ein paar Tage darauf gestand er selbst, daß er in drei Jahren vielleicht nicht wieder in diesen Grad von Receptivität und Offenheit jedes Sinnes für ein Opus hujus furfuris et farinae [Werk dieser Sorte] kommen würde." Aus dem allbekannten Bilde spricht Goethes innigste Lust an der glücklichen Schöpfung des herzlich geliebten Freundes. In seinem Tagebuche findet sich unter dem genannten Tage folgende rühmliche Anerkennung des hohen Werthes, welchen er der Dichtung beilegte: „Es ist ein schätzbar Werk für Kinder und Kenner; so was macht ihm niemand nach. Es ist große Kunst in dem ganzen, so weit ichs gehört habe, und im einzelnen. Es setzt eine unsägliche Uebung voraus, und ist mit großem Dichterverstand, Wahrheit der Charaktere, der Empfindungen, der Beschreibungen, der Folge der Dinge und Lügen der Formen, Begebenheiten, Märchen, Fratzen und Plattheiten zusammengewoben, daß es an ihm nicht liegt, wenn es nicht

I. Entstehung.

unterhält und vergnügt. Nur wehe dem Stück, wenns einer außer Laune und Lage, ober einer, der für dies Wesen taub ist, hört, so einer, der fragt: à quoi bon?" Goethes aus reinstem Herzen und wahrster Kunsteinsicht fließender Beifall mußte Wieland mächtig treiben und heben. Schon am 19. August war der sechste Gesang, der ursprünglich mit Strophe 35 schloß, zu Ende. An diesem Tage bat er Merck dringend, ihn durch Beiträge zum Merkur zu unterstützen, da er das letzte Vierteljahr ihm so wenig geliefert habe. Solle Oberon nicht ins Stocken gerathen oder mißlingen, so müsse er unzerstreut und ohne Sorge für den Merkur fortarbeiten. „Hilf mir, lieber Bruder, nur noch diese drei bis vier Monate durch, die ich noch [zur Vollendung] vor mir habe." Bald darauf dachte er den Oberon, wie künftig alle seine größern Sachen, nicht in den Merkur zu geben. Mit der Dichtung ging es vorerst nicht rasch vorwärts. Wieland war durch seine Behandlung am Hofe der Herzogin Mutter verstimmt, auch dadurch, daß Goethe sich mehr auf sich zurückzog, bis er mit dem Herzog im September eine geheimnißvolle Reise antrat, war dann auch selbst acht Tage im August und zwölf im September abwesend. Am 3. Oktober schreibt er an Merck: „Oberon macht sein Kompliment. Ich bin nun mitten im siebenten Gesang, und mein verliebtes Paar, Held und Heldin, sind nun eben, während eines schrecklichen Sturms, über Bord geworfen worden, ohne daß der erzürnte Oberon die mindeste Notiz von ihnen nehmen will (VII, 33). Der Himmel helfe ihnen aus dieser Wassersnoth und mir zu einem glücklichen Schluß!" Unausgesetzt hielt er sich an die Arbeit, die zu seiner Freude ihm leicht von Statten ging. Auch das nebelichte, feuchtkalte Novemberwetter störte ihn nicht. Am 20.

November schreibt er an Merck, der sich über sein Schweigen beklagt hatte, er sollte ihn leicht entschuldigen, da er seine Verfassung kenne. „Seit drei Monaten bin ich außer zwölf Tagen die ich beim Statthalter von Erfurt [Karl von Dalberg] und am Hofe zu Gotha*) im September zugebracht habe, fast gar nicht aus dem Hause gekommen. Tag und Nacht bin ich mit nichts als Oberon beschäftigt. — Oberon ist seither meine einzige Ressource gegen eine Menge von désagréments gewesen, die man mir geradezu gemacht hat, ohne daß ich sie mir zugezogen hätte. — Die unendliche Arbeit, die er mir macht, und das bißchen Vergnügen, das ich denn doch von Zeit zu Zeit habe, wenn ich mir einbilde, daß mir etwas gelungen sei, macht mich alles andere rein vergessen. — Ich werde nun nächstens mit dem zehnten Gesang fertig sein, und dann hab' ich noch ungefähr 180 bis 200 Stanzen zu machen.**) Von der Müh' und Arbeit, die ich auf dies opus wende, hat schwerlich itzt ein Dichter noch Dichterling im heiligen römischen Reich einen Begriff. Die Herrn haben sichs größtentheils (sehr wenige ausgenommen) so leicht als möglich gemacht; ich hingegen mache mirs so schwer als möglich. Die Schwierigkeiten, die nur bloß im Mechanismus meiner achtzeiligen Strophen liegen, und in der Natur des Jamben und in der verhältnißmäßig geringen Anzahl unserer Reime — die Schwierigkeit, aus einem so spröden Lehm gerade das Bild, das ich haben will, herauszufingern, und ihm die Rundung und das fini zu geben, ohne

---

*) Wo er besonders dem Prinzen August und der Oberhofmeisterin von Buchwald seinen Oberon vortrug.
**) Der zehnte Gesang schloß ursprünglich mit dem jetzigen achten; die folgenden vier Gesänge enthalten 286 Stanzen.

I. Entstehung.

welches ich keine Freude daran haben kann, ist oft unsäglich. Ich kann bir zuschwören, daß ich in dieser Woche britthalb Tage über einer einzigen Strophe zugebracht habe, wo im Grund die ganze Sache auf einem einzigen Wort, das ich brauchte und nicht finden konnte, beruhte.*) Ich drehte und wandte das Ding und mein Gehirn mit auf alle Seiten, weil ich natürlicherweise, wo es um ein Gemälde zu thun ist, gerne die nämliche bestimmte Vision, die vor meiner Stirne schwebt, auch vor die Stirne meiner Leser bringen möchte und dazu oft, ut nosti [wie du weißt], von einem einzigen Zug oder Drucker oder Reflex alles abhängt. Indessen begegnet mir aber doch, alles Fleißes ungeachtet, daß ich oft wissentlich neben das Schwarze schieße, und zufrieden sein muß, wenn ich nur Holz treffe. Daß die theure Leserschar es freilich nicht merken wird, weiß ich wohl; aber das ist ein schlechter Trost. Wer nicht merkt, wo der Hund begraben liegt oder wo es fehlt, der sieht auch das feinere Schöne nicht. Und diese Betrachtung, lieber Bruder, leitet mich sehr natürlich auf deine Frage, was ich für Aussichten mit dem Oberon habe. Keine, lieber Mann, oder doch nur sehr miserable. Da ich nun einmal den Merkur so lange forttreiben muß, als er noch etwas einträgt, so bin ich nolens volens [mag ich wollen oder nicht] genöthigt, ihn im Merkur zu publiciren. Nach Ueberlegung der Sache von allen Seiten hab' ich endlich gefunden, daß dazu kein anderer Rath ist, als wenn ich das ganze erste Quartal von 1780 mit diesem Gedicht ausfülle, und das Publikum nächstens davon prävenire, daß es sich nicht befremden lassen soll, wenn es die

---

*) Vielleicht ist der Schluß von X, 26 gemeint.

drei ersten Monate zu Ende des März auf einmal erhält. Außerdem werden noch ungefähr 1000 Exemplare à part abgezogen, für die mir [der weimarer Buchhändler] Hofmann ungefähr 365 Rthlr. geben wird. Hievon die Kosten des Drucks dieser 1000 Exemplare abgerechnet, wird mir Oberon also 50 Louisdor eintragen. Wäre ich der elendeste Schmierer und hätte in den anderthalb Jahren, die ich auf das Werk wende, die schalsten Romänchen und kühlsten Empfindeleien oder Possen und Fratzen aufs Papier geleckt, so viel als das Zeug halten könnte, so müßte der Henker darin sein, wenn ich nicht für 300 Louisdor dummes Zeug hätte zusammenschmieren wollen. „Aber warum ist der Herr ein Narr und wendet so viel Zeit und Arbeit auf ein Werk, wofür ihm kein Mensch Dank weiß?" sagt mir das deutsche Publikum — und darauf ist freilich kein Wort zu antworten. — Mit der gloriola (dem kleinen Ruhm) wirds eben so gehn wie mit dem utili (dem Nutzen). Neunzehntel von Lesern sind gar nicht die Leute, die einen ehrlichen Kerl in dieser Münze bezahlen können; und das eine Zehntel, das vielleicht Geschmack und Kenntniß der Kunst genug hätte, um zu sehn, was das Ding werth ist, ist schon, vielleicht bis auf ein Dutzend, zum voraus fest entschlossen, mirs nicht ganz zu lassen und zu thun, als ob sie, wenn sie wollten, dergleichen Zeug à la douzaine machen könnten. Das Dutzend ehrlicher Kerls, das dann noch übrig bleibt, werden freilich Freude an dem Ding haben, aber in aller Stille, und wenn gleich Tages darauf zehn Troßbuben sich aufmachen, mich auf offenem Markte mit Dreck zu werfen, so wird keine Seele sein, die es ihnen wehren, geschweige sie dafür abkarbatschen wird. Hingegen wird man mir volle Erlaubniß geben, mich hinzusetzen und mich ad nauseam usque [bis zum Ueberdruß] an dem Beifall und Nachruhm zu erlaben, der im zwanzigsten seculo auf mich wartet." Aber solche Verstimmung leidenschaftlicher Aufregung hielt nicht lange vor. Am 6. Dezember klagt er, daß er erst im elften Gesange sei und noch drei vor sich habe, die ihm noch viel zu schaffen machen würden; es sei ihm unmöglich, bemerkt er, „etwas anderes zu dichten oder zu trachten, zu denken oder zu schreiben als Oberon", er wache und träume nichts anderes. Leider gebe es augenblicklich so viele Zerstreuungen, daß er jede Woche wenigstens drei Tage verliere. Am Ende des Jahres schrieb er an einen Freund in Zürich, Oberon sei das beste Gedicht, das sein Kopf und Herz zusammen geboren, seit jener reif, dieses ruhiger geworden. Das Vollendete theilte er Herder mit, der große Freude daran hatte. „Es ist ein treffliches Gedicht an Materie und Form", schreibt dieser am 2. Januar 1780 an Gleim; „vielleicht das beste seiner Art." Ein paar Tage nach der Rückkehr Goethes und des Herzogs, am 17. Januar, meldet Wieland an Merck, das große Tapetenwerk, oder wie man's sonst heißen wolle, woran er nun schon so lange sticke und stichle, gewinne so guten Fortgang, daß, wenn er nicht indessen krank werde oder gar sterbe, nach sechs Wochen wohl nicht viel mehr daran zu machen sein werde. An Frau von Laroche schreibt er am 4. Februar, er könne von dieser so lange nichts lesen, bis er von seinem Oberon, dessen Druck begonnen hatte, völlig entbunden sei. Schon am 13. März konnte Wieland den in den drei ersten zusammen ausgegebenen Heften des Merkur gedruckten Oberon, den er vor dem Drucke viermal mit eigener Hand umgeschrieben hatte, seinem Freunde Merck übersenden. Demselben berichtet er am 29., die Aktien seines Kredits seien

Vollendung im März 1780. Aufnahme. 11

bei dem Herzog, bei Goethe und dem weimarer Publikum überhaupt um hundert Prozent durch dieses Werklein gestiegen. „Den Oberon wirst du nun gelesen und dich dran erfreut haben", schreibt Goethe bald darauf an Merck. „Ich habe Wielanden dafür einen Lorberkranz geschickt, der ihn sehr gefreut hat." Wieland selbst bemerkt in dem Briefe, worin er seine innige Lust über Mercks höchst beifälliges Urtheil ausspricht, Goethe habe sich ihm in dem schönsten Lichte gezeigt. Gleim fand das Gedicht vortrefflich. „Welch ein leichter, schöner Plan und wie vortrefflich behandelt!" schreibt er an Herder. „Schade, daß Hüon kein Deutscher ist. Unsere Maler hätten zu malen nach ihm! Möchte doch mein Herder unsere Krittler mit der Nase stoßen auf die Schönheiten in diesem herrlichen Gedicht, damit nicht die dümmsten Recensionen zum Vorschein kommen und unser albernes Publikum in seinem Kaltsinn noch mehr verkalte." Leider wurde die Dichtung sonst nicht nach Gebühr gewürdigt. In seiner lebhaften Weise äußert Wieland am 10. August gegen Merck: „Die abermalige hündische Gleichgültigkeit, womit Oberon aufgenommen worden, besonders das tiefste Stillschweigen, das alle, die ihre Kniee vor dem Baal zu Hamburg (Klopstock) beugen, und die nun einmal seit etlichen Jahren den Ton in Deutschland angeben, beobachten, — macht mir von dieser Seite die ganze Nation ekelhaft. Was hilft mir die Gerechtigkeit, die mir in zwei- oder dreihundert Jahren widerfahren wird, da itzt keine Seele ist, die ehrlich genug ist, laut und frei und öffentlich zu sagen, was sie mir unter vier Augen oder in Briefen sagen, und wofür ich, weil ich das Halleluja solcher heimlichen Jünger nicht bedarf, nicht ein Haar aus dem Schwanz einer todten Kuh geben möchte." Freilich

I. Entstehung.

hatte Wieland das beste Recht, sich über die Aufnahme seines mit solcher Sorgfalt anderthalb Jahr gepflegten Gedichtes zu beklagen, da die Kritik theils schwieg, theils den ungeheuern Fortschritt, den er hier gegen den Neuen Amadis gethan hatte, nicht ahnte, theils höchst ungerecht über ihn herfiel, wie es sich sein eigener früherer Mitarbeiter J. K. Wezel beigehn ließ, allein die allgemeine Stimme der Leser hatte er doch auf seiner Seite, und das Urtheil Goethes und anderer geschmack- und kunstvollen Freunde mußte ihm die Kälte der Kritik reichlich vergüten. Als Goethe um Weihnachten 1781 in der Darstellung des Neuesten von Plundersweilern vor der Herzogin Mutter die jüngsten Erscheinungen der deutschen Dichtung mit geistvoller Laune vorüberführte, gedachte er mit besonderer Hervorhebung des Verdienstes des Oberon, und er ermunterte den Freund zu ähnlichen, des Lorbers würdigen Gedichten, indem er dagegen launig den Merkur als einen gemeinen Land- und Stadtboten bezeichnete, womit ein Mann wie Wieland sich nicht abgeben dürfe. Auch Lessing ergetzte sich in seinem letzten Lebensjahre am Oberon, wie viel er auch sonst an Wieland auszusetzen hatte, „ganz mit Haut und Haar".

1785 erschien das Gedicht von dem sich unterdessen neben dem Merkur und einem besondern gleichzeitigen Abdruck in tausend Exemplaren und einem Abdrucke vom Jahre 1781 auch ein Nachdruck verbreitet hatte, in einer zweiten Ausgabe im dritten und vierten Bande der mit lateinischen Buchstaben gedruckten Sammlung von Wielands auserlesenen Gedichten. Wie unser Dichter bei den neuen Ausgaben seiner Werke immer die größte Sorgfalt auf die Verbesserung des Ausdruckes verwandte, so that er es auch bei dieser Sammlung. Die Hauptänderung dieser zweiten Ausgabe bestand in der Vertheilung der frühern vierzehn Gesänge auf zwölf. Der fünfte Gesang schloß in der ersten Ausgabe mit dem Augenblick, wo Rezia sich Hüon zuwendet, in der zweiten mit dem Wonnegefühl der in Oberons Schwanenwagen in dunkler Nacht zusammensitzenden Geliebten. Während die erste Ausgabe schon mit Scherasmins Märchen den siebenten Gesang anhob, zieht die zweite dieses nebst der dadurch veranlaßten Szene zwischen Hüon und Rezia noch zum sechsten. Der siebente enthielt ursprünglich VI, 36 bis zum Schlusse, der achte VII, 1—61, der neunte VII, 62—VIII, 32, wogegen der zehnte den Schluß des ursprünglichen achten umfaßte. In der zweiten Ausgabe ist eine Strophe nach II, 38 ausgefallen, worin der Tanz der Nonnen mit den Mönchen etwas anzüglich geschildert wird; an mehrern Stellen ist die Bezeichnung Oberons als Zwerg gestrichen; sonst sind mancherlei Verbesserungen des Ausdrucks eingetreten. In der Vorrede vom 18. November 1784 bemerkt Wieland, bei Vergleichung der ersten Ausgabe werde man vielfältige Spuren finden, wie sehr er gewünscht, an diesem so vorzüglich gut aufgenommenen Werke womöglich keinen Flecken übrig zu lassen, die seiner ehemals darauf verwandten Sorgfalt sich entzogen; demungeachtet sei und bleibe es das unvermeidliche Loos der Sterblichen, daß „wir auch bei unsern besten Bestrebungen noch immer die Nachsicht unserer Brüder in der Unvollkommenheit von nöthen haben". Auch müsse man doch endlich die Hand von seinem Werke abziehen.

Vier Jahre*) später erschien eine „neue und verbesserte"

---
*) Am 7. Mai schickte Wieland sie an Gleim; ein von Geyser dazu radirtes Kupfer nach einer Zeichnung von Oeser wollte er nachsenden.

Handausgabe des Gedichts mit deutschen Buchstaben, die einige Druckfehler entstellten. Auch diesmal hatte er, wie die vom 1. September 1788 datirte Vorrede sagt, noch manche Kleinigkeiten „zu verbessern gefunden", und es sei also noch nicht die Zeit zu dem bekannten Zurufe: „Manum de tabula!" (Die Hand von Gemälde!) gewesen. Hier wurde statt z w e e n und z w o z w e i, statt i z t j e z t oder n u n, statt k ö m m t k o m m t, statt R e u t e r Reiter gesetzt, die Auslassung des e (auch des i) im Worte und am Ende weggeschafft, ebenso a l s w i e, j u s t, g e s t r a c k s, g e t r e u, n o c h — noch, und Gewagtes, wie a n s i e g e n, s e i n e m Pferde entstürzt, statt des Imperfektums das Präsens eingeführt, auch der Vers durch ein eingeschobenes Wort erweitert und sonst der Ausdruck geändert. Am bedeutendsten sind die Aenderungen III, 51 (wenn — und fehlt, statt V. 7 steht: „Mit schlaffem Ohr stets leiser, leiser, wie Aus tiefer Ferne wehn u. s. w.") und VIII, 24, die völlig und ohne Zweifel besser, aber mit Verletzung des Reimes auf V. 3 f., schließt:

Zum Garten wird ein Anger zubereitet,
Der südwärts von der Wohnung her sich zieht,
Und eine Quelle, die dem nahen Fels entsprüht,
Durch seine Pflanzungen geleitet.

Sonderbar blieb diese Ausgabe in der „neuen und verbesserten" 1792 ohne Vorwort erschienenen ganz unbeachtet, wie sie denn auch in der später von Wieland selbst gegebenen Variantensammlung nicht erwähnt wird; die wenigen Fälle, wo beide übereinstimmen, beruhen keineswegs auf Benutzung. In den sieben ersten Gesängen folgt Wieland ganz der Ausgabe von 1785, in den folgenden finden sich manche kleine Veränderungen des Ausdrucks, die in der 1796 veranstalteten im

22. und 23. Bande der „sämmtlichen Werke", die zuerst mit (nicht vollständigen) Varianten nach jedem Gesange und einem „Glossarium" versehen wurde, größtentheils wieder verschwunden sind. Am 5. April meldete er seinem Verleger Göschen: „Oberon hat nunmehr die letzte Feile passirt, und ich bin selbst verwundert darüber, daß ich noch so manches am Stil und Versifikation eines so vollendet scheinenden Gedichtes zu verbessern gefunden habe." Zur Zeit, wo er eben mit der Durchsicht beschäftigt war (am 27 März waren die vier ersten Gesänge durchgegangen), erhielt er unerwartet einen Besuch von Goethe, der ihn auf das dringendste bat, bei diesem Gedichte doch nicht, wie er es bei andern gethan, die Feile über Gebühr anzuwenden. Auf seine Bitte verhandelte Wieland mit ihm über alle vorzunehmenden Aenderungen; mit Ausnahme einer einzigen Stelle befolgte er dessen Rath; daß Goethe auch an dieser Stelle Recht gehabt, gestand er selbst später, allein er habe doch auch einmal Recht behalten wollen. Die meisten Veränderungen finden sich im ersten und dritten Gesang, doch beziehen sich alle auf die Rein= heit und Leichtigkeit des Ausdrucks.*) Sehr häufig ist die alte Lesart vor 1792 wieder hergestellt. Die bedeutendste Umgestaltung haben erfahren I, 58 f. VIII, 75. X, 2. XI, 4. XII, 60. Goethes Abweichung von Wielands Urtheil, die dieser selbst später ge= rechtfertigt fand, dürfte I, 58 f. oder X, 2 treffen, da beide Stellen in der letzten Ausgabe unzweifelhaft eingebüßt haben.

---

*) Einzelne Versehen sind auch hier noch nicht getilgt, wie beginnt er= zählen (I, 28). Das sonst in zwei veränderte zwo hat sich XII, 2, 5 erhalten; eben so lesen wir noch mit Fatme VI, 5, 1, von Fatme XI, 6, 1, während sonst in ähnlichen Fällen Fatmen ursprünglich steht oder später hergestellt ist. Dreier fehlenden Reime werden wir weiter unten gedenken.

I. Entstehung.

Schon vor dieser Ausgabe letzter Hand, von welcher der Verleger einen in Deutschland bis dahin noch nie gesehenen Prachtdruck veranstaltete, war das Gedicht ins Französische, Dänische und Polnische übersetzt, auch mehrere Stanzen musikalisch bearbeitet und einzelne Szenen daraus bildlich dargestellt worden. Mochte auch mancher Universitätsprofessor von Wieland nichts anders wissen, als daß er einen tractatus de Oberone (eine Abhandlung über O.) geschrieben, das Gedicht war das erste, worüber an einer deutschen Hochschule Vorlesungen gehalten wurden. Der Philosoph Reinhold, Wielands Schwiegersohn, las zu Jena im Sommer 1788 Sonnabend Nachmittags öffentlich über Wielands Oberon. Das Maiheft von Wielands Merkur brachte die Eröffnungsrede, der an 400 Studirende beigewohnt: „Ueber die nähere Betrachtung der Schönheiten eines epischen Gedichts als Erholung für Gelehrte und Studirende." Die berühmte Schauspieldirektorin Friederike Sophie Seyler ließ 1789 in Augsburg, „Oberon, der König der Elfen, ein romantisches Singspiel in drei Aufzügen nach Wieland" erscheinen. Für Paul Wranitzky, Direktor des Hofopernorchesters in Wien, schrieb der Schauspieler Karl Ludwig Giesete seinen „Oberon" nach Wieland. Die Oper wurde zuerst 1790 zu Frankfurt bei der Kaiserkrönung gegeben und machte mit ihrer „breiten, behaglichen und lustigen wiener Musik" großes Glück. Zu Weimar, wo Goethes Schwager Vulpius den Text verbesserte, wurde sie schon 1796 aufgeführt; im nächsten Jahr erschien die noch jugendliche Jagemann darin als Oberon. Schon im letzten Heft der „Horen" des Jahres 1795, das im folgenden Januar erschien, hatte Schiller in der Abhandlung der sentimentalische Dichter sich, besonders auf Goethes Veranlassung, höchst anerkennend über den „unsterblichen Verfasser des Agathon, Oberon ꝛc." ausgesprochen, wenn er auch sein Bedauern äußern mußte, daß dieser meist auf lüsterne Stoffe gerathen sei, in deren Ausführung man die rechte Naivetät vermisse — ein Tadel, durch den sich Wieland, reizbar, wie er war, tief verletzt fühlte. Schiller selbst hatte vor acht Jahren Wieland versprochen, Oberon als Oper zu bearbeiten, wozu er ihm „ein treffliches Sujet" schien. Stücke von drei Strophen eines lustigen Liedes von Scherasmin haben sich erhalten. Schillers Freund Körner rieth davon ab und dieser selbst verlor die Lust daran.

Einen Hauptschlag führten die Brüder Schlegel im August 1799 gegen Wieland, da sie in ihrem Athenäum eine „citatio edictalis erließen, kraft deren auf Ansuchen der Herren Lucian, Fielding, Sterne, Bayle, Voltaire, Crebillon, Hamilton und vieler andern Autoren über die Poesie des Hofrath und Comes Palatinus Caesareus Wieland in Weimar concursus creditorum eröffnet, und da in der Masse mehreres Verdächtige und dem Anschein nach dem Horatius, Ariosto, Cervantes und Shakespeare zustehendes Eigenthum vorgefunden, jeder, der ähnliche Ansprüche titulo legitimo machen könne, sich binnen sächsischer Frist zu melden vorgeladen" wurde. Hatte Wieland auch durch die wunderliche Aeußerung im Vorworte zu seiner Ausgabe letzter Hand, daß er seine schriftstellerische Laufbahn, die er mit der aufgehenden Sonne unserer Literatur begonnen, wie es scheine, mit ihrem Untergang schließe, alle strebenden Geister und die offene Wahrheit tief verletzt, so konnte doch ein solcher Angriff, welcher den um deutsche Bildung unendlich verdienten Mann mit unziemlichem Spaß verletzte, und den Oberon um so weniger traf, als Wieland bei diesem, wie auch

I. Entstehung.

bei andern Gedichten seine Quelle angegeben, nur als eine un=
eble jugendliche Ueberhebung von allen empfunden werden,
welche die dem Verdienste schuldige Achtung nicht übermüthig
verhöhnt seyn wollten. Und wie hoch unsere Dichtung und
Bildung sich auch über Wielands Standpunkt emporgeschwungen
haben mag, ja schon damals ihn überwunden hatte, ein un=
vergängliches Verdienst hat er sich um beide unzweifelhaft er=
worben. Wie die Geschichte sein Wirken und Schaffen, besonders
im Gegensatz zu Klopstock, für Gründung einer leicht anmuthigen
Sprache und für Verbreitung freierer Ansichten ehrenvoll an=
erkennt, so legt das deutsche Volk seinen Lorberkranz, nach
dem schönen Vorgang unseres größten Dichters, vor allem auf
seinen auch vom Ausland ehrenvoll anerkannten und in fast
alle gebildeten Sprachen wetteifernd übertragenen, durch Webers
herrliche, den Geist des Märchens sinnvoll wiedergebende Ton=
schöpfung auch auf der Bühne fortlebenden*) Oberon dankbar
nieder.

---

*) Der Text, dessen Komposition für das Coventgardentheater zu London
Weber im Jahre 1824 angetragen wurde, ist nach Wielands Gedicht von James
Robinson Planché bearbeitet.

II. Stoff.*)

Wieland legte seinem Gedichte den, wie er sagt, „ebenso anmuthigen wie freien" Auszug zu Grunde, welchen der Graf Louis Treſſan de la Vergne (1705—1783) aus dem Proſaromane von den Thaten Hüons von Bordeaux**), der Bearbeitung eines franzöſiſchen Gedichtes des zwölften Jahrhunderts***), im April 1778 in der oben angeführten Bibliothèque universelle des Romans gegeben hatte. Den dort mitgetheilten Sagenſtoff, der mit dem vom Zwergkönig Elberich unterſtützten Ortnit im Heldenbuch große Aehnlichkeit hat, geben wir hier zunächſt, ſo weit er von unſerm Dichter benutzt wurde, mit wörtlicher Anführung der bedeutendern Stellen wieder.

---

*) Vgl. Max Koch „das Quellenverhältniß von Wielands Oberon" (1880).

**) Die Folioausgabe von 1513 führt den Titel: Les prouesses et faitz merueilleux du noble Huon de bordeaulx per de France, duc de guynne. Nouvellement redige en bon francoys. Dieſen Roman hat Wieland ebenſo wenig benutzt, als er bei ſeinem Geron auf den Roman de Gyron de Courtois zurückging, aus dem er den Auszug von Treſſan in der Bibliothèque fand.

***) Huon de Bourdeaux. Chanson de geste. Zuerſt im Jahre 1860 in Paris herausgegeben. Vgl. F. Wolfs „Abhandlung über die beiden wieder aufgefundenen niederländiſchen Volksbücher von der Königin Sibille und von Hüon von Bordeaux". Das niederländiſche Volksbuch gab Simrock im zehnten Bande der „deutſchen Volksbücher".

2*

II. Stoff.

Karl der Große wollte der Krone zu Gunsten seiner beiden Söhne Charlot (Karlchen) und Ludwig entsagen; nur die Bitten seiner Räthe hielten ihn davon ab, die sich vor der Herrschaft des von Karl besonders geliebten, aber wild unbändigen, bösartigen Charlot fürchteten. Amaury von Hautefeuille (Baron Amory von Hohenblatt bei Wieland), der Neffe des Verräthers Ganelon und das Haupt des arglistigen Stammes des Hauses von Mainz, war der geheime Anhänger Charlots, und er führte gleich diesem ein lockeres und verbrecherisches Leben. Da er lebhaften Groll gegen das Haus von Guyenne hegte,*) dessen letzter Herzog Sevin (Siegwin, auch Siegewin bei Wieland) häufig seine Verbrechen geahndet hatte, so benutzte er diese Gelegenheit, den beiden von Sevin unter der Vormundschaft ihrer Mutter Aliz zurückgelassenen Söhnen zu schaden und seinen ihm ganz ergebenen Charlot reicher und mächtiger zu machen. Unter dem Scheine, daß er der Meinung der Barone nachgebe, schlug er vor, man solle Charlot zur Probe einige reiche Provinzen zuweisen, ehe man ihn auf den Thron setze; ohne ihm eine Provinz seines Reiches einzuräumen, könne der Kaiser ihn mit Guyenne belehnen, da sieben Jahre seit dem Tode des Herzogs Sevin verflossen seien, ohne daß dessen Sohn, der junge Herzog, seine starke und reiche Stadt Bordeaux verlassen habe, um ihm die schuldige Huldigung darzubringen.**) Herzog Nayms von

---
*) Kochs Behauptung (S. 14), Charlots Benehmen gegen Hüon werde bei Wieland durch Weglassung der Absicht auf dessen Lehn sinnlos, übersieht, daß es bei Wieland I, 31, 3 f. heißt: „Als der schon lange Lust gehegt zu Hüons Land."

**) Bei Wieland hat Hüon als Herzog zwei Jahre in Saus und Braus in Bordeaux verbracht, als ihn Karl vorfordert, dessen er in seiner Lust nicht geachtet (I, 34 f.); die Zeit der Vormundschaft der Mutter wird nicht bestimmt.

Verrath Charlots und Amaurys.

Baiern, dessen Gerechtigkeit und Weisheit sich nie verleugnete, wies diesen eigensüchtigen Vorschlag mit Verachtung zurück; indem er lebhaft an die große Jugend der Kinder des Herzogs Sevin und an dessen hohe und ruhmvolle Verdienste erinnerte, beantragte er, man solle durch zwei nach Bordeaux abgeordnete Ritter die regierende Herzogin auffordern, ihre beiden Söhne nach Paris zu schicken, um dem Kaiser zu huldigen und zu dienen. Die Abgeordneten wurden zu Bordeaux mit allen Ehren empfangen. Nach ihrer Rückkehr berichteten sie Karl, daß der junge Herzog, ein Fürst, wie gemacht, in den Fußtapfen seines Vaters zu wandeln, und dessen Bruder sich binnen drei Monaten an seinem Hof einstellen würden. Die Herzogin benutzte diese Zeit, um ihnen ihre letzten Mahnungen mitzutheilen; Hüon von Bordeaux nahm sie in seinem Herzen auf, Girard (Gerard bei Wieland), der einen heimlichen Widerwillen gegen seinen ältern Bruder hegte, verbarg seine Gefühle unter verstellter Unterwürfigkeit. Als die Vorbereitungen zur Abreise vollendet waren, umarmte die Herzogin zärtlich ihre Söhne und empfahl sie dem Schutze des Himmels; sie wies sie zugleich an, über Clugny zu reisen, um daselbst ihren Oheim zu besuchen, welcher Abt des dortigen berühmten Klosters war.*)
Der Abt nahm seine Neffen mit größtem Glanze auf, über-

Doch hörten wir vorher (I, 36 f.), vor achtzehn Jahren, wo Scherasmin mit seinem Vater nach dem Morgenlande zog, habe Hüon noch im ersten Flügelkleid gehüpft. Freilich hätten fünfzehn Jahre wohl genügt.
*) Wieland macht ihn zum Abte des Klosters St. Denis bei Paris, wahrscheinlich weil das Kloster zu Clugny erst im Jahre 914 gegründet wurde, doch verliert er dadurch den Vortheil, daß der Abt zugleich mit Hüon zu Paris eintrifft und Zeuge von Charlots Tod ist.

häufte sie mit Geschenken, und da er wohl einsah, wie nützlich ihnen seine Anwesenheit bei Karl sein werde, begleitete er sie nach Paris. Amaury aber legte sich mit Charlot am frühen Morgen im Walde von Montlhéry (bei Wieland Montlery) mit einem bewaffneten Haufen in den Hinterhalt. Girard, der, um sich die Länge des Weges zu verkürzen, seinen Falken am Morgen vor sich fliegen ließ, war seinem Bruder und Oheim vorausgeeilt. Charlot begann Streit mit ihm und warf ihn vom Pferde, nachdem er ihn mit seinem Speere verwundet hatte. Girard stieß einen gewaltigen Schrei aus, auf welchen Huon, bloß mit dem Degen bewaffnet, heraneilt. Als er hier das Blut aus Girards Wunde fließen sieht, ruft er Charlot zu:*) „Barbar, was hat dir dieses Kind gethan? Welche Feigheit ihn anzufallen, ohne daß er sich vertheidigen konnte?" „Wahrhaftig", erwiedert dieser, „ich denke es dir eben so zu machen. Wisse, ich bin der Sohn des Herzogs Dietrich von den Ardennen, dem der Herzog Sevin, dein Vater, drei Schlösser geraubt hat; ich habe geschworen, mich zu rächen, und ich fordere dich heraus."**) „Feiger!" entgegnet Huon, „ich kenne wohl die Treulosigkeit, welche in deinem Stamme herrscht. Würdiger Sohn Dietrichs, du bedienst dich des Vortheils, den dir die Waffen geben. Aber wisse, ich fürchte dich nicht, und du flößest

---

*) Bei Wieland will Charlot den beschmutzt und blutend an der Erde liegenden Girard „weiblich abwalken", was weniger passend scheint, da es ihm um das Leben der Söhne Sevins zu thun war. Charlots Erwiederung ist bei Wieland (I, 34 f.) viel kräftiger.

**) Wieland läßt dem Siegwin Schuld geben, er habe bei einem Turnier mit Hinterlist gegen seinen Vater den Preis gewonnen (I, 35). Die folgende Erwiederung Huons fällt aus.

Verrath Charlots und Amaurys.

mir nur Verachtung ein." Nach diesen Worten rennt der feige Chariot mit eingelegter Lanze auf Hüon los, der kaum den Mantel um seinen linken Arm schlagen und mit diesem schwachen Schilde den Lanzenstich abwehren kann. Bloß Hüons Mantel wird durchbohrt; dieser aber erhebt sich im Steigbügel und versetzt jenen gerade herab einen so gewaltigen Hieb mit dem Degen, daß der Helm in Stücke geht und das Haupt bis zu den Augen gespalten wird. Der Prinz fällt todt in den Staub.*) In diesem Augenblick sieht Hüon den Wald von Bewaffneten gefüllt; er ruft seine Ritter rasch heran, von jenen aber wagt keiner sie anzugreifen. Amaury läßt ruhig Hüon und den Abt von Clugny dem jungen Girard zu Hülfe kommen und die Wunde verbinden. Nach ihrer Entfernung legt er die Leiche auf ein Pferd und folgt Hüon langsam auf dem Wege nach Paris, wo er erst vier Stunden nach diesem anlangt.

Zu Paris stellte der Abt von Clugny dem Kaiser seinen Neffen vor, der seinen verwundeten Bruder durch zwei Knappen halten ließ, und die Kniee des Kaisers zu umfangen sich weigerte, da man nur auf seinen Befehl ihm den Hinterhalt gelegt haben könne. Der Kaiser war über einen solchen Vorwurf betroffen; als aber der Abt, was begegnet war, berichtet, wünscht er dem jungen Herzog von Guyenne Glück, daß er dem niederträchtigen Dietrich von den Ardennen den verdienten Lohn gegeben. Er selbst führte die beiden Brüder in ein reiches Gemach, wo er sie der Obsorge des Herzogs Naims überließ, der, als Waffenbruder Sevins, sie wie seine eignen Kinder betrachtete. Kaum ist

---
*) Bei Wieland erzählt Hüon dieses mit einer gewissen, die Sache eher schwächenden als besonders hervorhebenden Laune (I, 36 f.).

Karl in sein Zimmer zurückgekehrt, als er draußen Geschrei vernimmt;*) durch das Fenster sieht er, wie eine bewaffnete Schar einzieht. Er erkennt Amaury, welcher einen todten Ritter auf dem Sattelbogen bringt; Charlots Name tönt wider inmitten des Geschreies des im Hofe versammelten Volks. Bestürzt geht er herab; er eilt auf Amaury zu und stößt einen Schmerzensschrei aus, als er Charlot erkennt, dessen Leiche jener in diesem Augenblick vor seinen Füßen niederläßt. „Hüon von Bordeaux ist es", ruft der Verräther unter verstellten Thränen, „der deinen Sohn ermordet hat, ehe ich ihn vertheidigen konnte. Besiehl, daß man bewaffnet ihn verfolge!"**) Karl, hierdurch in Wuth versetzt, entreißt einem seinen Degen, und eilt zum Zimmer der beiden Brüder, um den Mörder seines Sohnes zu durchbohren. Der Herzog Nayms stürzt ihm entgegen, und hält ihn einen Augenblick auf. Karl gedenkt des dem Hüon Schuld gegebenen Verbrechens. „Er ist einer von deinen Pärs", ruft der Herzog. „Wenner schuldig, befindet er sich nicht in deiner Gewalt, und sind wi nicht seine Richter, ihn zum Tode zu verurtheilen? Aber dein Hand darf sich nicht mit seinem Blut beflecken." Der Kaiser, hierdurch beruhigt, läßt Amaury eintreten; die Pärs versammeln sich, ihn zu vernehmen, und der Verräther klagt Hüon von Bordeaux an, Charlot angefallen und verwundet zu haben, obgleich dieser sich als den ältesten Sohn des Kaisers zu erkennen gegeben habe.***) Beleidigt durch die verläumderische Anklage, ruft

---

*) Bei Wieland wollen sie sich eben zur Tafel setzen.
**) Nach Wieland weist er auf den anwesenden Hüon hin.
***) Wieland, der den Charlot, man sieht nicht recht warum, zum zweiten Sohn des Kaisers macht, hat diese ganze Szene S. 39—44 viel ergreifender dargestellt.

Hüon wird des Mordes beschuldigt.

der Abt von Clugny: "Beim heiligen Benedikt, der Verräther Amaury lügt in seinen Hals hinein. Hat mein Neffe Hüon Charlot getödtet, so that er es zur Nothwehr, nachdem jener seinen jüngern Bruder verwundet hatte; auch wußte er nicht, daß es dein Sohn sei. Obwohl ich zum Mönchsorden gehöre, so erinnere ich mich doch stets, daß ich ein Edelmann von hoher Geburt bin. Ich will meine Aussage im Kampf auf Leben und Tod beweisen, wenn Amaury diese Lüge wahr zu halten wagt. Ich glaube, ein frommeres Werk zu thun, wenn ich einen so treulosen Verräther niederstrecke, als wenn ich Lobgesänge und Messen absinge."*) Hüon, dem Amaurys schwarze Verläumdung anfangs die Sprache geraubt hatte, unterbrach jetzt seinen Oheim: "Verräther", rief er, "wirst du es wagen, den Fehdehandschuh mir hinzuwerfen und deine eben ausgesprochene Lüge wahr zu halten?" Amaury, der, mit wunderbarer Kraft ausgestattet, Hüons Jugend verachtete, bot ihm einen seiner Handschuhe an. Hüon ergriff ihn und zeigte ihn sofort den Pärs, mit der Bitte, ihm auf der Stelle den Zweikampf zu gestatten; nie sei dazu eine so gerechte Veranlassung gewesen. Die Pärs beriethen sich. Da der Herzog Nayms erklärte, die Klage müsse einem Gottesgericht anheimgestellt werden, so erlaubten sie den Kampf, ohne daß Karl es verhindern konnte.**) Der junge Held wurde den Händen des

---
*) Wieland läßt dagegen den Abt sein Scapulier dem gegen Hüon gezückten Degen entgegenhalten und ihn auf seine heilige Würde sich berufen, da sie in ihm den Sohn des heiligen Vaters verehren müßten. Das unter Dagobert I. (630) gegründete Benediktinerkloster St. Denis stand unmittelbar unter dem Papste.

**) Be Wieland wird Karl durch den Schmerz über den Tod seines Sohnes und durch Hüons Vertheidigung so gewaltig aufgeregt, daß er den letztern durch die Wache ergreifen lassen will, woran er durch die über solche Rechtsverletzung

Herzogs Naym§ anvertraut, der ihn am andern Morgen zum Kampfe rüstete.*) Der Kampf war lang und blutig; die Geschicklichkeit und Gewandtheit des jungen Hüon ließen diesen den meisten schrecklichen Hieben entgehn, die der wilde Amaury gegen ihn führte. Schon floß das Blut des Verräthers über die Waffen und über den Sand, seine Hiebe wurden langsamer und schwächer; Hüon, der die seinigen verdoppelte, brachte ihn zum Falle.**) „Ich bitte um Gnade", spricht Amaury; „komm, Hüon, ich will Karl alles gestehn, aber hilf mir, daß ich aufkomme." Der ehrliche und treue Hüon steckt den Degen sofort unter den linken Arm und will dem Verräther seine rechte Hand reichen, dieser aber benutzt den Augenblick, um einen Stoß gegen Hüons Weiche zu richten. Doch der Panzer leistet Widerstand, so daß er nur leicht verwundet wird. Jetzt übermannt diesen die Wuth, und ohne zu bedenken, daß Amaury seine Verläumdung noch nicht förmlich widerrufen, bloß der Stimme gerechter Rache folgend, schlägt er ihm mit einem Hiebe den Kopf ab.***) Der Herzog Nayms und die Pärs nähern sich, lassen Amaurys Leiche aus den Schranken herausziehn und führen Hüon zu Karl, der aber den Mörder seines Sohnes nur mit Schaudern vor sich sehn kann, und trotz aller Vorstellungen der Pärs sich des ungerechten Vorwandes bedient,

---

empörten Ritter gehindert wird, worauf Herzog Nayms vom Kaiser die Erlaubniß zum Kampf erwirkt.

*) Wieland läßt den Zweikampf erst am achten Tage stattfinden.

**) Amory bringt bei Wieland den jungen Helden zuerst zum Weichen, und erst als Hüon glücklich dem gewaltigen Streich, womit dieser den Kampf zu enden gedenkt, entgangen ist, wirft er ihn nieder.

***) Auch hier weicht Wieland ab (I, 61), der vorher die verruchte List Amorys ganz wegläßt, um das Bild des Gegners nicht gar zu schwarz zu malen.

Hüon habe nichts gethan, seinen Angeber zum Geständniß zu bringen, weshalb er im vollen Recht sei, seine großen Lehen einzuziehen und ihn auf immer aus Frankreich und seinem Reiche zu verbannen. Erst nach langen Verhandlungen bringen ihn der Herzog Nahms, die Pärs und der Abt von Clugny zur Einsicht von der Ungerechtigkeit eines solchen Rechtsspruches, und so läßt er sich bestimmen, dem jungen Herzog von Guyenne Verzeihung angedeihen zu lassen, unter Bedingungen, die sie ihm selbst anheimstellen. Karl läßt Hüon vor sich kommen, der sich vor ihm auf die Kniee wirft, ihm huldigt und um Gnade bittet wegen der unfreiwilligen Tödtung seines Sohnes. Karl weigert sich, Hüons Hand zu ergreifen, und spricht, indem er ihn mit dem Zepter berührt: „Ich nehme deine Huldigung an, und verzeihe dir die Ermordung meines Sohnes, aber ich befehle dir, dich sogleich zum Sarazenenadmiral Gaudisse zu begeben. Du wirst dich ihm vorstellen zur Zeit, wo er an der Tafel sitzt, wirst dem größten seiner Herren, den du in seiner Nähe siehst, den Kopf abschlagen, wirst zum Zeichen der Verlobung dreimal seine einzige Tochter Esclarmonde, welche das schönste Mädchen von der Welt ist, auf den Mund küssen, und vom Admiral für mich außer andern Geschenken und Gaben eine Hand Haare aus seinem weißen Barte und vier seiner dicken Backzähne verlangen."*) Diese Bedingungen riefen ein Gemurmel

---

*) Unser Dichter, der hier auch sonst abweicht, läßt den Kaiser besonders hervorheben, daß er sich unter Todesstrafe nicht unterstehn solle, vor Erfüllung dieser Bedingungen zurückzukehren. Wieland nennt hier den Khalifen von Babylon ohne Angabe seines Namens, wie er auch später ihn überall nur als Khalif, Sultan oder Schah bezeichnet. Den Namen seiner Tochter finden wir hier noch nicht genannt, wogegen Wieland später den ungefügen und unschönen Namen

unter den Pärs hervor. „Ah!" schrie der Abt von Clugny, „einen Sarazenenkönig tödten, ohne ihm die heilige Taufe angeboten zu haben!" „Das geht noch an", sagten die jungen Pärs, „aber fürwahr das Verlangen, welches Hüon dem Admiral stellen muß, ist höchst unhöflich und sehr schwer durchzusetzen."**) Des Kaisers Halsstarrigkeit, auf seinen Beschlüssen zu beharren, war bekannt. Nichts schien dem Muthe Hüons unmöglich. „Ich gehe auf diese Bedingungen ein!" rief er, indem er die Vorstellungen des weisen Baiernherzogs unterbrach. „Ich nehme meine Verzeihung um diesen Preis an; allein von diesem Augenblick an ist mein Staat mir zur Lehn. Ich reise, um Eure Befehle auszuführen, als Euer Lehnsmann und als Pär von Frankreich, und ich gebe als Herzog von Guyenne die Regentschaft der Herzogin Alig, meiner Mutter, und meinem Bruder Girard."***) Der Abt von Clugny bestimmte ihn, sich zu dieser

---

Esclarmonde mit dem wohl selbstgeschaffenen Rezia (anklingend an „Reiz?") vertauscht hat. Ein weiblicher Judenname lautet Resia. Wieland liebte es, die Namen wohlklingender zu machen, wobei er freilich zuweilen ziemlich willkürlich verfuhr, wie er z. B. aus Gulhenbam Gulpenhee (später Gulpenhé Gulpenheh) machte. Aber mit Esclarmonde konnte er gar nichts anfangen; deßhalb wählte er einen ganz andern; denn daß er den letzten Theil des Wortes weggelassen, und aus Esklar Reslla, dann Rezia gemacht, wie Prof. Konrad Hofmann meint, ist gar zu wunderlich. Wenn derselbe an das arabische radijja (die Schöne) erinnert, das türkisch Rezia ausgesprochen werde, so wäre es freilich möglich, daß Wieland dieses Rezia irgendwo gefunden. — Admiral, (Provenzalisch amiran, amiralte, amirato, Altfranzösisch amirant, amiral, amiras) heißen die Fürsten der Sarazenen. Tressan bemerkt richtig, der Name stamme vom arabischen Emir (amir), und bezeichne einen großen Herrscher, der kleine Sultane oder Scheik's unter sich habe.

*) Man vergleiche dagegen bei Wieland I, 69.

**) Diesen Zug von Hüons Geistesgegenwart läßt Wieland aus, der auch im

gefährlichen Unternehmung durch einen Besuch beim heiligen Vater zu Rom, dessen Schwester Alix war, vorzubereiten, und von ihm seinen Segen und die Vergebung seiner Sünden sich zu erbitten.*) Nachdem Hüon die Apenninen überschritten, wandte er sich nach Rom, wo er ein Pilgerkleid anlegte. An einem Festtage warf er sich dem Papst zu Füßen, dem er sich erst, nachdem er seine Sünden gebeichtet, als seinen Neffen zu erkennen gab. „Ah!" rief der heilige Vater, „lieber Neffe, hätte ich eine stärkere Buße dir auflegen können als die, welche du von Karl empfangen!" „Ziehe in Frieden, lieber Neffe", fuhr er fort, indem er, die Augen voller Thränen, ihn von seinen Sünden frei sprach; „ich will zum Allerhöchsten für dich flehn."**) Nachdem er die heilige Messe gelesen, führte er seinen Neffen in

folgenden alles übergeht, was der Roman von Girards treulosem Betragen gegen den abwesenden Bruder erzählt.

*) Wielands Veränderungen sind größtentheils dadurch veranlaßt, daß Hüon selbst die Geschichte erzählt. Daher so manche Verkürzungen und zum Theil auch der humoristische Ton Hüons. Daß Wieland Kaiser Karl in einem vortheilhaftern Lichte zu zeigen suche, wie Koch meint (S. 14 f.), kann man nicht sagen; heißt es ja ausdrücklich, daß dieser Hüon nach dem Leben trachte; und daß schon Hüons Vater Karls Huld verscherzt (I, 30), dient kaum zur Entschuldigung. Daß der Dichter St. 53 indirekt berichtet, indem er bloß die Hauptpunkte anführt, fällt nicht auf, dagegen möchte man die Stanze I, 54 gern getilgt sehen. Auch dürfte der plötzliche Uebergang aus der Rede Hüons in die Erzählung des Dichters I, 57, 8, welcher die folgenden fünf Stanzen angehören, nicht ohne Anstoß sein. Daß Wieland hierzu auch durch die Abhängigkeit von seiner Quelle gekommen, ist eine sonderbare Behauptung Kochs (S. 14). Auch können wir diesem nicht zugeben, das wiederholte Aufblitzen der Schwerter gegen den Kaiser (I, 43. 53) sei des Guten zu viel; dabei ist der Wechsel, ja die Steigerung sehr glücklich.

**) Vgl. Wieland I, 10 f.

seinen Palast, wo er ihn, nachdem er sein Pilgerkleid abgelegt, den Karbinälen und den römischen Fürsten vorstellte. Hüon hatte bei seiner Abreise geschworen, an keinem Orte sich ohne Noth länger als drei Tage aufzuhalten. Der Papst benutzte diese Zeit, ihm eben so viel Eifer für den Ruhm des Christenthums als Glauben auf die Hülfe des Allerhöchsten einzuflößen, und er rieth ihm, sich nach Palästina einzuschiffen, dort das heilige Grab zu besuchen, dann erst in das Innere Asiens vorzubringen.

So reist denn Hüon, mit Reliquien, dem Ablaß und Segen des Papstes versehen, zunächst nach Palästina, wo er die heiligen Orte mit eben so viel Glauben als Ehrfurcht besucht. Von bort will er sich dem Ufer des Meeres zuwenden, da er aber weder Land noch Sprache kennt, verirrt er sich in einem Walde, worin er kein menschliches Wesen sieht; Honig allein und die wilden Früchte der Bäume dienen ihm zur Nahrung. Als er am dritten Tage sich zwischen schroffen Felsen einen Weg sucht, wird er von dem Anblick eines großen, halb nackten Mannes überrascht, dessen Bart und Haare, schon ergraut, Brust und Schultern deckten.*) Dieser Mann kommt, nachdem er ihn einige Zeit angesehen hat, auf ihn zu und ruft in südfranzösischer Sprache**): „Ach, großer Gott, wer könnt Ihr sein? Fünfzehn Jahre sind schon verflossen, seit ich diese Einöde bewohne, ohne irgend einen Menschen aus dem Lande gesehen zu haben, welches Euch, wie ich glaube, geboren hat." Hüon, um sich ganz ver-

---
*) Man vergleiche die treffliche, frei gewandte Ausführung Wielands I, 12 bis 19, der aus den drei Tagen nur einen macht.
**) La langue d'oc, im Gegensatz zur langue d'oui. Vgl. Wielands aus Tressan genommene Anmerkung zu I, 12.

Hüon reist nach Paläſtina, trifft den Gérasme.

traut zu machen, löst den Helm und nähert sich mit sanfter und lächelnder Miene; der andere blickt ihn mit noch größerer Verwunderung als das erstemal an. „Großer Gott!" ruft er, „hat man je eine so überraschende Aehnlichkeit gesehen! Ach, edler Ritter, sagt mir gütigst, welches Land hat Euch geboren, und von welchem Blute seid Ihr entsprossen?" „Ich begehre", erwiederte Hüon, „ehe ich mich zu erkennen gebe, daß ihr mir sagt, wer ihr seid; für den Augenblick genügt es euch zu wissen, daß ich ein Christ bin und in Guyenne das Licht der Welt erblickt habe." „Ach, dem Himmel sei Dank, daß meine Augen und mein Herz mich nicht täuschen!" rief der Unbekannte. „Herr, ich nenne mich Gérasme*); ich bin der Bruder von Guire, dem Bürgermeiſter von Bordeaux. Ich wurde gefangen genommen in der Schlacht, worin mein theurer und erlauchter Herr, der Herzog Sevin, sein Leben verlor. Drei Jahre lang habe ich alle Härten der Sklaverei ertragen. Nachdem ich meine Ketten gebrochen und mich der Verfolgung der Ungläubigen entzogen habe, bewohne ich diese Einöde seit mehr als fünfzehn Jahren**), und eure Züge rufen mir die meines angebeteten

---

*) Wieland machte daraus mit der vollautenten Endung in die für Vers und Reim gefügigere Form Scherasmin (vgl. Siegwin), wie Scharlot aus Charlot. Scherasmin nennt I, 25 unwillkürlich seinen Namen, doch hat der Dichter selbst diesen schon I, 3 im Reime. Im altfranzösischen Gedicht lautet der Name Gerialme.

**) Dies steht im Widerspruch mit der frühern Angabe (oben S. 20), daß erst sieben Jahre seit Sevins Tod verflossen, da zwischen Hüons Kampf mit Charlot und dem Zusammentreffen mit Gérasme kaum ein Jahr liegen kann. Wieland setzt seit dem Tode Siegwins sechzehn Jahre. Scherasmin hat vor sechzehn Jahren seinen Herrn, zwei Jahre nach der Abreise aus Frankreich, verloren und begraben, und nachdem er das Morgenland durchirrt (VI, 35), sich in diesem

Herrn in Erinnerung, dem ich von meiner Kindheit an bis zu seinem Tode treu gedient habe." Hüon konnte hierauf nur mit einer Umarmung, Thränen im Auge, erwiedern. Aus seinem Munde vernimmt Gérasme, daß er den Sohn des Herzogs Sevin in seinen Armen halte. Er führt ihn in seine Hütte, wo er ihm trockene Früchte und Honig vorsetzt, die hier seine einzige Nahrung bilden.*) Hüon erzählt dem Gérasme sein Abenteuer, welches dieser nur unter strömenden Thränen vernehmen kann, indem er bald seine Hände küßt, bald ihn umarmt, bald seine Kniee umfaßt. Da er ihn um Rath fragt, wie er sein Unternehmen ausführen könne, verhehlt ihm der treue Ritter nicht, daß dieses ihm unmöglich scheine, doch schwört er, ihn nie zu verlassen; auch unterläßt er nicht die Bemerkung, daß seine Kenntniß der Sarazenensprache ihnen häufig von Nutzen sein werde, sobald sie diese Einöde einmal verlassen.

Wir hören weiter, wie Hüon und Gérasme über die Landenge von Suez längs dem Ufer des rothen Meeres nach Arabien gehen, was Wieland (II, 1) nothwendig umgestalten mußte**),

wilden Hain niedergelassen (I, 20. 24. 27). Wo und wie Siegwin gefallen, deutet er gar nicht an, nicht einmal seines Kampfes gegen die Sarazenen wird ausdrücklich gedacht. Vgl. V, 66.

*) Die in der ersten Ausgabe I, 28 erwähnten trocknen Datteln hat Wieland später weggelassen.

**) Freilich irrte Wieland, wenn er, wie er sagt, unter dem Babylon, das im Roman als das arabische bezeichnet wird, sich Bagdad dachte, obgleich Tressan bemerkt hatte, dieses Babylon sei guten Geographen unbekannt. Im Mittelalter ist unter Babylon Kairo gemeint, und daß der Roman nicht Bagdad gemeint haben kann, ergibt sich aus der weitern Erzählung. Für Wielands Dichtung war die Veränderung, daß er Hüon nach Bagdad ziehen ließ, nicht störend, eher förderlich, und der Name Babylon für Vers und Reim gelegener als Bagdad, nur durfte er nicht später zwischen Bagdad und Babylon willkürlich wechseln.

Gérasme begleitet Hüon nach Arabien. Erkennung. 33

wogegen er die unmittelbar darauf folgende Geschichte in seiner geschickt ausführenden Weise benutzte. Kaum hatten sie Arabien betreten*), so fährt die Erzählung fort, als der Anführer einer Schar umherziehender Araber ihn angreift; diese waren durch einige Edelsteine angelockt worden, welche sie auf Hüons Helm glänzen sahen. Der tapfere Prinz tödtet den Anführer und schlägt die übrigen in die Flucht. Gérasme bemächtigt sich der Waffen und des Degens des Getödteten.**) Treffan bemerkt darauf, daß er ein paar andere Abenteuer übergehe, welche Hüons Reise nur wenige Stunden aufgehalten. Wieland hat hier die idyllische, einen hübschen Gegensatz bildende Szene bei der Hirtin (II, 7—9) eingeschoben.

Hüon fragt nun seinen Genossen, wann er in das Land des Admiral Gaudisse gelangen könne, worauf dieser erwiedert: „Zwei Wege führen dorthin. Auf dem einen, weniger gefährlichen könnt Ihr es nicht vor drei Monaten erreichen, der andere führt in weniger als vierzehn Tagen dorthin; aber auf diesem müßt Ihr durch einen so fürchterlichen Wald, daß ich Euch beschwöre, Euch darauf nicht einzulassen." Der Eifer, womit Hüon sich entschlossen hatte, den Befehlen Karls zu gehorchen, macht ihn gegen jede Gefahr blind; auch bedurfte es wenig Mühe, den muthigen Gérasme zu bereden.***) Beide eilten darauf dem gefährlichen Walde zu, den sie bald am Ende der Ebene bemerkten. Von Gérasme hört Hüon, daß dieser Wald

---

*) Bei Wieland am vierten (ursprünglich dritten) Morgen.
**) Neben dem Schwert hebt unser Dichter das Roß hervor. Kurz vorher läßt er Hüons Helm nur wie Karfunkel und Rubin im Sonnenglanz blinken.
***) Mit vielem Glück hat Wieland, der in seinem Scherasmin einen lustigen Gegensatz zum ernsten Ritter geschaffen, diesen Zug in sein Gegentheil umgesetzt.

von Oberon, dem Feenkönige (le roi de lo Féerie), bewohnt sei, dessen Gewalt alle Ritter, die ihn zu betreten wagten, festhalte und sie in Kobolde oder Thiere verschiedener Art verwandle. Aber nichts konnte Hüons Muth erschüttern, mochten auch die Thiere bis zu den Vögeln sich ihm in den Weg zu stellen scheinen: mit Gérasme bringt er in die Tiefe des Waldes.*) Kaum hatten sie einen der Wege verfolgt, als sie zu einem von unabsehbaren Baumgängen gebildeten Stern gelangten. Nur einer dieser Gänge war durch einen prächtig gebauten Palast begränzt, dessen goldenes Dach mit glänzenden, von Diamanten bedeckten Wetterfahnen geschmückt war. Ein herrlicher Wagen, der aus dem Palaste kam, schien zu fliegen, um Hüon zuvorzukommen. Dieser bemerkte darin bloß ein sehr schönes Kind von vier bis fünf Jahren, dessen Kleid vom Feuer der Edelsteine funkelte, womit es bedeckt war. Hüon zeigte ihn dem Gérasme, der, von ärgstem Schrecken ergriffen, Hüons Pferd beim Zügel faßte, und indem er ihre beiden Pferde mit Hieben seiner Gerte zur Eile antrieb, den Prinzen nach einer entgegengesetzten Richtung mit sich fortriß. Verloren seien sie, rief er, wenn sie diesen argen Zwerg sprächen, der, obgleich er ein Kind scheine, unter Julius Cäsar geboren sei, und das lange Unglück, das er selbst erlitten, an denjenigen zu vergelten sich vorgesetzt habe, die in den Wald kämen. Unterdessen entfernte sich Hüon nur mit Bedauern von dem Zwerge; er hatte ihn so schön gefunden, seine Augen waren ihm so

---

*) Wieland hat dies II, 14—17 launig ausgeführt; der Verdacht der Verwandlung stellt sich als Täuschung der Angst heraus. — Zu der Beschreibung der einbrechenden Nacht vgl. Jbris I, 60: „Da schon die braune Nacht Die halbe Welt von Mohnsaft trunken macht." Braun heißt die Nacht auch sonst.

sanft vorgekommen, daß er nicht zu glauben vermochte, ein so
reizendes Wesen sei im Stande, ihm Schaden zuzufügen. Dennoch
folgte er Gérasme, der, da er die Zügel seines Rosses nicht
fahren ließ, ihn mit immer größerer Schnelligkeit mit sich fortriß. Auf einmal erhebt sich ein schrecklicher Sturm im Walde;
bald geht es nur beim Leuchten des Blitzes vorwärts. Von
Zeit zu Zeit hören sie hinter sich eine sanfte Kinderstimme
rufen: „Komme und höre mich, Herzog Hüon! vergebens fliehst
du vor mir." Gérasme eilte nur um so rascher und hielt
erst inne am Thore der Mauer eines Doppelklosters von Franzis-
kanern und Clarissinnen,*) die sich am Morgen zu einer ge-
meinschaftlichen Wallfahrt vereinigt hatten, und nun vom Sturm
in völligster Unordnung zurückgetrieben wurden. Gérasme,
der, im Glauben, mitten unter den Fahnen und so vielen
frommen Seelen vor der Bosheit des Zwerges sicher zu sein,
sich hier eine Zuflucht erbitten wollte, stieg vom Pferde, wozu
er auch Hüon nöthigte. Allein in demselben Augenblick
steht der Zwerg an ihrer Seite, und stößt in ein elfenbeinernes
Horn, das ihm über der Brust hängt. Gérasme, dadurch von
unwiderstehlicher Tanzwuth ergriffen, faßt eine von gleicher
Lust erfüllte alte Nonne bei der Hand, und beide hüpfen auf
dem Grase herum; ihnen folgen die andern Nonnen und Mönche,
und bilden so das wunderlichste Ballet. Hüon, der allein keine
Lust zum Tanzen fühlte, lachte sich fast zu Tod, als er die
lächerlichen Stellungen und Sprünge der Tanzenden sah, die

---

*) Da beide Orden erst am Ende des zwölften Jahrhunderts gestiftet wurden,
so hat Wieland an ihre Stelle ein Stift des heiligen Antonius und ein Kloster
der heiligen Agathe gesetzt, wodurch freilich nur der handgreifliche, von Tressan
nicht unbemerkt gelassene zeitliche Verstoß wegfällt.

sich zuweilen auf dem Grase überstürzten, ohne daß ihr Fall die Mönche aufgehalten oder der Wohlstand die Nonnen veranlaßt hätte, ihre in Unordnung gerathenen Kleider zurecht zu setzen.*) Darauf näherte der Zwerg sich Hüon und sprach mit sanfter Stimme in französischer Sprache: „Herzog von Guyenne, warum fliehst du vor mir? Ich beschwöre dich bei dem Gott, der Himmel und Erde erschaffen**), sprich zu mir!" Hüon verlor alle Furcht, da er sich auf diese Weise beschwören hörte; denn er wußte wohl, daß kein Geist der Finsterniß wage, den Namen des allmächtigen Gottes anzurufen. „Herr", erwiederte er, „wer Ihr auch sein möget, ich bin bereit, Euch anzuhören und zu erwiedern."***) Der Zwerg fuhr darauf fort: „Hüon, mein Freund, ich liebte stets deinen Stamm, [und dies läßt Wieland weg] du warst mir theuer seit deiner Geburt. Der Stand der Gnade, worin du meinen Hain betreten, hat dich gegen jeden Zauber gesichert, wenn ich dir auch nicht so wohl wollte. Hätten diese Mönche, diese Nonnen und selbst dein Freund Gérasme ein so reines Bewußtsein wie du, so

---

*) Wieland hat hier später die Darstellung gemildert und gekürzt.
**) Wieland drückt den Glauben Oberons an den wahren Gott noch deutlicher in den Worten aus (II, 39): „Beim Gott des Himmels, den ich kenne", dagegen hat er im folgenden die Darstellung weggelassen, wie Oberon den Gérasme überzeugt, daß er ein guter Christ sei.
***) Bei Wieland sagt Hüon: „Was willst du mein?" nach älterer Redeweise. In Gandalin (1776) spricht der Ritter zur Jungfrau: „Was wollt Ihr meiner?" und auch noch später in der prosaischen Erzählung die Entzauberung steht so: „Was wollen Sie meiner?" Dieser ältere Gebrauch des Genitivs findet sich bei wollen in der Bedeutung verlangen beim Pronomen wie beim Substantiv; auch Voß hat ihn benutzt. Vgl. Sprichwörter I, 25: „Israel will mein nicht." Gewöhnlich steht bei wollen von mir, mundartlich an mir.

würde mein Horn sie nicht zum Tanzen gebracht haben. Aber wo gibt es Mönche oder Nonnen, die immerfort der Stimme des Versuchers widerständen? Und Gérasme hat in der Einöde oft an der Macht der Vorsehung gezweifelt." *) Bei diesen Worten sah Hüon die Sprünge sich verdoppeln; sein Mitleid ließ ihn um Gnade bitten, die der Zwerg auch bewilligte. Im Augenblick hörte die Macht des Hornes auf, jede Nonne machte sich von ihrem Tänzer los, brachte ihren Schleier in Ordnung und stellte sich unter die Fahne der heiligen Clara. Beide Züge kehrten wohlanständig in ihr Kloster zurück. Gérasme aber, der vor Hitze fast umkam und ganz außer Athem gerathen war, konnte sich nicht mehr auf den Beinen halten und warf sich auf das Gras nieder, indem er zu rufen begann: „Mein Herr, ich habe Euch ja wohl gesagt . . ." Und er würde vielleicht einen Fluch gegen den Zwerg ausgestoßen haben, hätte dieser sich ihm nicht genähert, und ihn also angeredet: „Gérasme, Gérasme, warum hast du in deiner Einöde gegen die Vorsehung gemurrt? warum hast du ein so leichtsinniges Urtheil gegen mich ausgesprochen? Du hast diese kleine Züchtigung verdient; aber ich kenne dich als einen treuen und guten Mann, und will in Zukunft dein Freund sein, wovon du dich sogleich überzeugen sollst." Mit diesen Worten reicht er ihm einen prächtigen Becher, und spricht: „Mache darüber das Zeichen des Kreuzes, und glaube, daß ich meine Gewalt von dem Gott habe, den wir anbeten, und dessen heiliges Gesetz ich gleich dir befolge." Gérasme gehorchte ohne Zaudern, und sofort füllte sich der

---

*) Wieland setzt hier an die Stelle des Murrens gegen die Vorsehung die später erwähnte Verläsierung Oberons.

Becher mit einem köstlichen Weine*), der ihm die ganze Kraft seiner besten Jahre wiedergab. Von Zutrauen und Ehrfurcht durchdrungen, wirft er sich zu den Füßen des Zwergs, dieser aber hebt ihn auf, läßt ihn an seiner Seite sich niedersetzen, und beginnt seine Geschichte zu erzählen. Die Erzählung, wie Oberon aus der Verbindung des Julius Cäsar mit der Fee Glorianbe hervorgegangen und wie er durch einen Fluch seine Zwerggestalt erhalten, nebst den dadurch veranlaßten Bemerkungen von Hüon und Gérasme hat Wieland mit Recht weggelassen. Die Zwerggestalt erklärt er später (VI, 104) anders.

„Ich weiß", fuhr Oberon darauf gegen Hüon fort, „mit welchem Auftrag dich Karl ausgesandt hat; auf dieselbe Weise hat er schon einige andere Ritter, deren er sich entledigen wollte, dem Tod geweiht. Nichts würde dich vor demselben Schicksal bewahrt haben, hättest du dich hartnäckig geweigert, mit mir zu reden. Willst du aber jetzt meinen Befehlen genau nachkommen, so verspreche ich meinem lieben Hüon den vollkommensten Erfolg, und soll er die reizende Prinzessin Esclarmonde zur Gattin haben." Hierauf gab er dem Herzog von Guyenne einen prächtigen und nützlichen Becher zum Geschenk, der sich füllte, wenn ein guter Mensch ihn in der Hand hielt.**) Auf gleiche Weise schenkte er ihm sein schönes Horn von Elfenbein, indem er bemerkte: „Hüon, wenn du es sanft ertönen läßt, so werden

---

*) Wenn Wieland hier Wein von Langon nennt (II, 46), so hat er dies aus einer weiter unten folgenden Stelle Tressans genommen.

) Wieland nennt diesen Becher an zweiter Stelle; daß es derselbe Becher sei, den Oberon eben dem Scherasmin gereicht, sagt weder Wieland ausdrücklich, noch die von ihm benutzte Erzählung. I, 45, 7 und 50, 4. 8 heißt er **Becher, 46, 2 **Trinkgeschirr**, worauf sich aber ihn 47, 1 bezieht.

Oberons Becher und Horn. Zusage seiner Hülfe. Abschied. 39

wie du es gesehen hast, alle tanzen, deren Seele nicht ganz
rein ist vor den Augen des Allmächtigen, und wahrscheinlich
wirst du viele Tänzer sehn; stößest du aber mit Gewalt hinein,
so bedenke, daß ich es fünfhundert Tagereisen weit hören und
auf der Stelle mit meinem Heere dir zu Hülfe eilen werde.
Hüte dich deshalb, es zu mißbrauchen; denn ich verbiete dir,
dich desselben in dieser Weise zu bedienen, wenn du dich selbst
noch vertheidigen kannst." Oberon gibt ihm dann den Weg
an, den er einschlagen müsse, um zum Lande des Admiral
Gaudisse zu gelangen, auch wie er es anzufangen habe, um
durch die vier Thore zu kommen, welche den Eintritt zu seinem
Palast verschließen.*) „Noch viele Gefahren", fügt er hinzu,
„wirst du zu bestehn haben, ehe du zu diesem Palaste kommst;
und ich fürchte sehr — hierbei kamen ihm Thränen in die
Augen —, daß du meine Befehle nicht genau befolgen und
das größte Unglück erleiden wirst."**) Bei diesen Worten
umarmt er den Hüon und Gérasme, führt sie beide aus dem
Walde heraus und zeigt ihnen den Weg, den sie zu nehmen
haben; dann berührt er ihre Waffen und Kleider mit seinem
Stabe, worauf sie sich orientalisch bewaffnet und gekleidet
finden.***) Beide reisen darauf einige Tage, ohne durch be-
wohnte Gegenden zu kommen; nicht allein füllte sich der Becher

---

*) Dies letztere fällt bei Wieland weg.
**) Ganz anders ist dies bei Wieland (II, 51 f.) gewendet, der den Hüon
zu Babylon wohl bestehn läßt.
***) Diese Verwandlung der Waffen und Kleider übergeht Wieland mit Recht,
obgleich auch bei ihm Oberon den Hüon mit seinem Lilienstengel berührt, aber
nur zum freundlich gewogenen Abschied, ähnlich wie Kaiser Karl gegen Hüon den
Septer neigt (I, 65). Hüon erhält bei Wieland den kostbaren orientalischen An-
zug erst da, wo er ihn durchaus bedarf, nach seiner Ankunft zu Bagdad.

in ihren Händen immer mit Wein, sondern auch, was bei Wieland fehlt, mit allen sonstigen Lebensmitteln, die sie verlangten. Die hierauf folgende Erzählung, wie sie nach der Stadt Tourmont kommen, wo Hüons Oheim, der vom christlichen Glauben abgefallen war, als Sultan gebot, wie unser Ritter hier der größten Gefahr ausgesetzt gewesen, worin er endlich Oberon zu Hülfe rufen mußte, der an der Spitze von hunderttausend Mann erschien, wie er dann, nachdem Gérasme dem Sultan das Haupt abgeschlagen, die ganze Stadt sich unterworfen und ihre Herrschaft einem hier gefundenen Neffen Floriac übertragen, hat Wieland mit Recht übergangen, um die Theilnahme für die im folgenden mit besonderer Ausführlichkeit erzählte Bewältigung des Sultans von Babylon nicht zu schwächen. Ehe Hüon von Tourmont scheidet, bittet er Oberon um seine letzten Rathschläge, wie er seinen Zweck erreichen könne. Dieser erwiedert darauf, indem er Thränen vergießt: „Ach! mein theurer Hüon, ich sehe unvermeidliche Gefahren, in denen ich dir nicht werde beistehn können; deine zu verwegene Tapferkeit, das Vergessen deiner selbst werden dich hineinstürzen. Wenigstens hüte dich vor dem festen Thurm des Angoulafre! Dieser grausame Riese hat mir ihn durch List geraubt, und er bewahrt ihn durch seine Zauberkünste. Nur durch denjenigen wird er besiegt werden, der sich in den Panzer hüllen kann, den ich selbst im Thurme bewahrte und der jetzt in seiner Gewalt ist. Würdest du ihn anzugreifen wagen, du würdest ihn nicht besiegen können und vergebens mit deinem Horne mich zu Hülfe rufen." Hüon fragte nach dem Wege zum Thurm; auch eine größere Gefahr, meinte er, könne ihn nicht erschüttern. Oberon aber fuhr fort zu weinen, streckte

Abenteuer in Tourmont. Der Thurm des Angoulafre.

seinen Arm nach Osten aus, um die Richtung zu zeigen, und verschwand sofort mit seinem Heere. Wieland konnte dieses Verzweifeln Oberons an Hüons Erfolg eben so wenig gebrauchen als die Ohnmacht, welche der Feenkönig jenem Riesen gegenüber bekennen muß; auch sollte man glauben, Oberon habe seinem Ritter leicht das Mittel angeben können, wie er sich in den Besitz jenes Panzers zu setzen habe. Deshalb mußte er eine ganz andere Einleitung des Kampfes mit Angoulafre erdichten, wie er sie auf höchst glückliche Weise in dem Prinzen Alexis vom Libanon fand, der alle Ritter, die des Weges ziehen, zum Kampfe zwingt, und die Besiegten festhält, um so allmählich eine Ritterschar zusammenzubringen, womit er den Angulaffer (diese Form wählt Wieland) besiegen und seine von diesem geraubte Braut erlösen könne. Die Geschichte von der Bewältigung des Riesen hat Wieland mit bloßer Aenderung der Namen in die lieblich lautenden Angela und Alexis[*]) in den wesentlichsten Zügen dem Auszuge Tressans entnommen.[**])

Hüon und Gérasme kommen zunächst durch einen Wald darauf in eine Ebene, an deren Ende ein ungeheurer Thurm in die Wolken ragt. Der Weg in den Thurm führt über eine drei Fuß breite Brücke (die Wieland mit Recht gestrichen hat) und durch ein noch viel engeres Pförtchen, vor welchem zwei

---

[*]) Als Vater des Prinzen vom Libanon nennt Wieland III, 21 den „Balazin von Phrygien, Herrn von Jericho im Palästinerland". In Zieglers sehr beliebter „asiatischer Banise" (1688) ist Balacin, König von Aracan, der Liebhaber der Helbin. Jericho war Wieland aus der Bibel und den Kreuzzügen bekannt.

[**]) Wenn Hüon III, 13, 4 sagt, schon vorhin habe er den Riesen bezwingen wollen, so liegt darin kein Widerspruch, wie Koch (S. 20) meint; denn vorhin heißt offenbar vor dem Kampfe, im Gegensatz zu B. 1—3. Hüon wirft alle Ritter nieder, wie Geron in dem nach ihm benannten Gedichte.

eherne Kolossen standen, die mit solcher Schnelligkeit ihre ehernen Dreschflegel schwangen, daß kein Vogel durchzuschlüpfen vermochte.*) Hüon steigt vom Pferde und beräth sich mit Gérasme, wie er wohl diesem Hinderniß zum Troß in den Thurm gelangen könne. Bald bemerkt er am Eingang der Brücke ein ehernes Becken, woran er mit seinem Schwerte schlägt; der Schlag erschallt weithin, dann öffnet eine Jungfrau ein Fenster des Thurmes; darauf trifft ein aus dem Pförtchen hervorbringender heftiger Wind die beiden Kolossen, die plötzlich unbeweglich stehn bleiben. Wieland hat das Schlagen an das Becken und den Zauberwind ganz weggelassen, er läßt die Jungfrau den Ritter herbeiwinken, und diesen vertrauensvoll mitten zwischen die Kolossen springen. Nach Tressan ruft die Jungfrau dem Hüon zu: „Verwegener, wohin rennst du? Die Kreuze, welche ich auf deinem Schilde sehe, verrathen dich als Christen. Der Riese liegt glücklicherweise im Schlafe; ich habe alles gethan, dir das Leben zu retten; fliehe, so lange du noch kannst!" Hüon erwiedert: „Edle Jungfrau, so artig als wacker, durch welchen Unfall bist du in seine Gewalt gekommen?" „Wehe!" entgegnete diese. „Ich heiße Sibile. Mit meinem Vater Guérin von St. Omer kehrte ich von einer Wallfahrt nach dem heiligen Grabe zurück; er wollte mich nach Damaskus führen, wo mich Gautier der Däne, der Neffe Ogiers, heiraten sollte. Ein schrecklicher Windstoß verschlug uns an diesen traurigen Strand; Angoulafre bemerkte uns, griff uns an;

---

*) Wieland erhebt das Zauberhafte noch mehr, indem er übertreibend bemerkt, kein Lichtstrahl habe unzerknickt zwischen den Schlägen beider Dreschflegel durchzukommen vermocht. Daß kein Vogel durchfliegen kann, ist ein schon bei Homers zusammenschlagenden Felsen vorkommender Zug (Odyssee XII, 62).

Der Thurm des Angoulafre.

mein Vater und seine Ritter fielen unter seinen Streichen.*) Glücklicherweise hat der Grausame drei Jahre lang sich nur vergeblich angestrengt, mich gleichfalls zu seinem Opfer zu machen. Ach, du kannst nicht denken, welches schreckliche Leid eine arme Prinzessin mit diesem Riesen leiden würde, wenn nicht die Schutzheiligen, denen ich bei meiner Geburt geweiht wurde, über meine Ehre wachten, welche dieser unaufhörlich angreift. Ihnen verdanke ich es, daß der Riese jedesmal sechs Stunden schläft, wenn er durch seine abscheulichen Liebkosungen mich in Angst gesetzt hat.**) Du findest mich eben durch seinen letzten Versuch aufgeregt; noch hat das Ungeheuer vier gute Stunden zu schlafen. Benutze diese Zeit, ihm den Kopf abzuschlagen!" Hüon verehrte die Schutzheiligen seines Hauses zu sehr, als daß er sie nicht für sich selbst angerufen und ihnen gedankt hätte für die Bewahrung der Keuschheit seiner Base, der er sich zu erkennen gab. Diese führte ihn in das Zimmer, worin der Riese schlafend auf dem Rücken lag, als ob er noch immer die tugendhafte Base bedrohen wollte. Betroffen vom schrecklichen Anblick des Riesen, der siebzehn Fuß maß***), wandte Hüon seine Augen ab, während die Base, die drei Jahre an den Anblick gewöhnt war, herzulief, um den Hals des Riesen

---

*) Wieland läßt sie aus dem Brautgemach durch den heranfliegenden Riesen rauben (III, G. 23). Diesen Zug nahm er aus der „Geschichte des zweiten Kalenders" in „Tausend und eine Nacht". — Wie Koch (S. 13) einen Widerspruch der Zeit zwischen III, 7 und 23 finden kann, sehe ich nicht. Als beinah vier Jahre werden die drei Jahre mit der Zeit bis zur Trauung und die seit dem Raub verflossenen fast sieben Monate bezeichnet.

**) Treffend hat dies Wieland I, 24 f. auf seine Weise gewandt.

***) Wieland, der über die Gestalt des von ihm nackt dargestellten Riesen sich launig ausläßt (III, 27—29), hat aus siebzehn sieben Fuß gemacht.

zu entblößen, und den Hüon aufforderte, ihm das Haupt abzuschlagen. Der edle Ritter konnte sich nicht entschließen, ihn wehrlos zu tödten, doch da er sich des Panzers erinnerte, dessen Verlust Oberon bedauerte, so benutzte er die Zeit des Schlafes, nach diesem zu suchen; er fand ihn in einem Cedernkasten, versuchte ihn anzuziehen, und er paßte ihm. Seine Base, erschrocken, daß Hüon den Riesen durchaus aufwecken wollte, um mit ihm zu kämpfen, floh in ihr Zimmer und betete. Nur mit Mühe konnte Hüon den Riesen aus seinem tiefen Schlaf aufrütteln, der, als er des Ritters ansichtig wurde, ihm zurief: „Welch Unheil treibt dich, meinen Schlummer zu stören und in deinen Tod zu rennen?" „Ungeheuer", erwiederte dieser, „ich komme, um dich für deine Verbrechen zu bestrafen. Waffne dich zum Kampfe!" Angoulafre, darüber sehr erstaunt, betrachtet ihn mit Aufmerksamkeit, und seine Ueberraschung verdoppelt sich, als er ihn in den guten Panzer gehüllt sieht. „Beim Mahomet", ruft er, „du mußt ein Biedermann sein, weil du mich nicht im Schlaf ermordet und den guten Panzer angezogen hast, was nur von einem redlichen und unschuldigen Mann geschehn kann. Gehe, ich verzeihe dir; arg würde es mir leid thun, müßte ich dir das Leben nehmen. Gib mir den Panzer zurück und gehe deiner Wege; ich lasse dich frei." „Gib mir vielmehr deinen Thurm zurück und die gefangene Prinzessin", erwiedert Hüon, „und entsage deinem falschen Propheten; nur unter diesen Bedingungen will ich dir das Leben lassen."*) Angoulafre macht darauf ein schreckliches Gesicht; den Hüon betrachtet er

---

*) Auch hier hat Wieland eine sehr glückliche Aenderung eintreten lassen, da sein Hüon, ohne weitere Bedingungen zu machen, auf den Kampf bringt.

Kampf mit Angoulafre.

mit bitterm Lächeln, springt dann in eine nahe Stube, aus welcher er, in glänzende Waffen gehüllt, eine Sense in der Hand, zurückkehrt. Angoulafre glaubt den Kampf durch einen fürchterlichen Hieb der Sense zu enden, die er mit beiden Händen schwingt. Hüon weicht aus, die Sense fährt zwei Fuß tief in eine Säule. Während der Riese sie herausziehen will, trifft Hüon ihn auf beide Hände, daß er zur Erde stürzt. Angoulafre stößt einen gewaltigen Schrei aus, den die Prinzessin vernimmt; da er sich wehrlos fühlt, flieht er, und Sibile, die ihn in diesem Zustand sieht, auch einen Theil am Siege ihres Retters haben will, schiebt ihm einen Stock zwischen die Beine, worüber er fällt. Von neuem bricht er in Geschrei aus; Hüon verfolgt ihn, macht sich über ihn her und schlägt ihm den Kopf ab.*) Die Prinzessin eilt, die gefangenen Ritter ihres Vaters zu befreien, die der Riese aufgehoben hatte, um sie, einen nach dem andern, seinen Göttern zu opfern.**) Gérasme, der bei den Pferden zurückgeblieben, wird gerufen, der Thurm den gleichfalls erlösten alten Dienern Oberons übergeben. Hüon umarmt seine Base und schickt sie zu Schiffe nach Syrien. Er

---

*) Viel treffender wird die Erlegung des Riesen im Oberon (III, 36 f.) geschildert, wo dieser gleich auf den ersten Stoß Hüons fällt, der sich des Zauberringes bemächtigt hat, welchen Wieland an die Stelle des Panzers gesetzt hat, den Angulaffer selbst anzieht. Der Sense wird nicht gedacht. Den Ring raubt er auf Angelas Dringen, ohne etwas weiter davon zu wissen, und doch sagt er III, 34, er wolle ihn dem wiedergeben, dem der Riese ihn gestohlen. Es ist der Trauring Oberons, wie wir XII, 71 hören. Hüon ahnt dessen Macht nicht, und nur an dieser einen Stelle muß er seine Beziehung zu Oberon im Auge haben, da er doch nichts ins Blaue sprechen kann. Dies ist freilich ein unleugbarer Mißstand, den man gern beseitigt sähe.

**) Wieland macht daraus einen Harem, einen „Jungfernzwinger".

nimmt den goldenen Ring, welchen der Admiral Gaudisse einst als Vasall dem Angoulafre gegeben. Den weisen und redlichen Gérasme läßt er als Verwalter des Thurms zurück. Unmöglich konnte Wieland auf diese Weise den Hüon des Beistandes seines guten Scherasmin berauben. Die Art, wie er seinen Helden aus dem Thurme scheiden läßt, ist der ersonnenen Einleitung dieses Abenteuers gemäß sehr glücklich erfunden. Nicht das Gelübde, nie länger als drei Tage an einem Ort zu bleiben, das der Roman kennt, treibt ihn weg, sondern eine innere Unruhe, die ihn auch gegen alle Sinnesreize abstumpft. Auch die unsichtbare märchenhafte Bewirthung auf dem Wege und Hüons so bedeutsamer Traum nebst demjenigen, was sich daran knüpft, sind Wielands Erfindung.

Tressan bildet den Uebergang zu dem weitern, von unserm Dichter benutzten Abenteuer mit den Worten: „Nachdem er von Malembrün, einem von Oberon gesandten Meerkobold, über eine Meerenge gebracht worden, langt er drei Tage später in einem Haine an nahe bei dem arabischen Babylon*), wo Admiral Gaudisse seinen Hof hielt." Kaum hat er diesen Wald betreten, so vernimmt er ein durchdringendes Geschrei. Er fliegt darauf zu, und sieht einen reichgekleideten Sarazenen von einem fürchterlichen Löwen angefallen. Hüon jagt diesem seinen Raub ab, haut ihm das Haupt ab und befreit den Sarazenen. „Wer du auch seist", spricht dieser, indem er sich erhebt, „danke Mahomet, der dich dem König von Hyrkanien das Leben retten ließ." „Danke du selbst vielmehr", erwiedert Hüon, „dem Gott der Christen, der sich meines Arms bedient

---

*) Vgl. oben S. 32**.

Hüons Kampf vor Babylon. Am Hofe.

hat, dich dem Tod zu entreißen." Der Sarazene brach darauf in die ärgsten Verwünschungen und Lästerungen des Christenthums aus. Dieses versetzte Hüon in solche Wuth, daß er in Versuchung gerieth, ihm das Leben zu rauben, das er ihm eben gerettet hatte; doch hielt er sich zurück, versprach sich aber, nächstens dafür Rache zu nehmen, sollte er ihm noch einmal begegnen. Auch hier hat Wieland (III, 24—29)*) der Erzählung eine glücklichere Wendung gegeben, indem er Hüon seinen Becher benutzen, den Sarazenen über das Versiegen des Weins (was Wieland aus der Erzählung von Hüons Oheim nahm) und die glühende Hitze des Bechers in Wuth gerathen, Hüon gegen ihn das Schwert ziehen läßt, der sich aber auf dessen Pferd davon macht. Erst später wird uns Name und Stand des Sarazenen genannt; es ist der Neffe des Sultans, Babekan, Fürst der Drusen. Von den am Libanon und Antilibanon wohnenden Drusen weiß der Roman nichts.

In der ganzen folgenden Erzählung bis zu dem Augenblick, wo Hüon den Sultan auffordert, den christlichen Glauben anzunehmen, weicht Wieland wesentlich von der zu Grunde liegenden Erzählung ab, die den Helden gleich beim ersten Betreten des Hofes sich vergessen, ihn dadurch Oberons Hülfe verlieren und ins Gefängniß wandern läßt, während bei Wieland Oberon ihm hülfreich zur Seite steht.**) Unser Dichter hat durch reiche Ausmalung die Darstellung glänzend zu heben

---

*) Hüon wird selbst verwundet, aber die Kraft des Ringes errettet ihn. Der Wunde wird später nicht mehr gedacht.

**) Bei V, 45—53 schwebt Wieland das vor, was der Roman von dem Abenteuer bei Hüons Oheim erzählt, wo das Horn auch die Sultanin herbeilockt und der Tänzer der Favoritin des Sultans Eifersucht erregt.

und das Widerwärtige möglichst zu entfernen oder, wo dies nicht ganz anging, zu verdecken gewußt; schon hier den Hüon sich vergehn zu lassen, konnte er sich unmöglich entschließen. Sein Hüon bedarf nicht erst besonderer Mittel, um sich durch die vier Thore Eingang zu verschaffen; in der zu Grunde liegenden Erzählung hatte, wie wir oben S. 39 hörten, Oberon ihn darüber belehrt. Die von Oberon ihm wunderbar zugebrachte prächtige Kleidung (vgl. oben S. 39***) läßt ihn als einen der ersten Hochzeitsgäste erscheinen, so daß die Wache ihm überall Platz macht. Doch wir wollen zunächst Tressans Erzählung weiter verfolgen. Denselben Abend, fährt dieser fort, kam Hüon in Babylon an, wo er in der Nacht sich auf die Erfüllung seines Auftrags vorbereitete. Vollkommen gerüstet, mit dem elfenbeinernen Horn, dem goldenen Becher und dem Ringe Angoulafres versehen, begab er sich gegen Mittag zum Palaste des Admiral Gaudisse. Eben hatte ein Trompetenstoß den ersten Gang der Mahlzeit verkündet, als Hüon sich allein am ersten der vier Thore zeigte, durch die er mußte, ehe er in das Innere des Palastes gelangen konnte. Zu derselben Zeit saß der Feenkönig Oberon an der Tafel, bedient von seinen Koboldrittern Glorianb und Malembrün, denen er auf die Frage, weshalb er, statt zu essen, Thränen vergieße, seufzend erwiederte: „Dieser Hüon von Bordeaux, dieser so tapfere, dem Gesetze Gottes so treue Ritter, verläugnet in diesem Augenblick seinen Glauben, und raubt mir die Macht, ja den Willen, ihm zu helfen. Mir schaudert vor dem Unglück, das ein Augenblick der Schwäche und der Selbstvergessenheit ihm bringen wird." Wirklich war in demselben Augenblicke Hüon schwach genug, auf die am ersten Thore an ihn gestellte

Hüon am Hofe.

Frage, ob er ein guter Sarazene sei, sich zum Glauben an Mahomet zu bekennen. Er denkt nicht an den Angoulafre geraubten Ring des Amirals. Kaum aber hatte er das erste Thor hinter sich, als er die schrecklichste Reue empfand und in Thränen ausbrach; er fühlte, daß er durch seine Verleugnung Christi die Hülfe des Himmels und Oberons verscherzt. In Hoffnung, sein Verbrechen zum Theil zu vergüten, ruft er dem Schließer des zweiten Thores zu: „Hurensohn, möge dich der Gott, der am Kreuze gestorben, zu Schanden machen! In seinem göttlichen Namen befehle ich dir, mir zu öffnen." Als Antwort streckten sich die Spitzen von hundert Spießen ihm entgegen;*) jetzt erinnert er sich, leider zu spät, des Ringes. „Zittert!" ruft er ihnen zu, indem er diesen zeigt, „und erkennt das Zeichen, vor dem ihr auf die Kniee sinken müßt." Der Hauptmann der zweiten Wache erkannte den Ring, fiel zur Erde, umfaßte Hüons Knie und ließ ihn eintreten. Ebenso kam er durch das dritte und vierte Thor. Im Saale selbst saß der Amiral mit einigen von ihm abhängigen Sultanen an der Tafel, zur Linken der König von Hyrkanien, der zu seinem Schwiegersohn bestimmt war (es ist nicht der Hochzeitstag, wie bei Wieland), zur Rechten seine Tochter, die Prinzessin, die schöne Esclarmonde. Dem Auftrage Karls getreu, trägt Hüon kein Bedenken, den Säbel zu ziehen, und dem Könige von Hyrkanien, als dem größten Herrn des Hofes und dem schuldigen Sarazenen, der das Christenthum gelästert hatte, den Kopf abzuschlagen. Der Amiral, bedeckt von Blut und in Wuth entbrannt, schreit, man solle den Mörder ergreifen und in Ketten

---
*) Wieland benutzt dies V, 43, 1 f.

legen. Aber Angoulafres Ring, den Hüon auf die Tafel wirft, bewirkt, daß Gaudiffe sich bereit erklärt, ihn frei reden zu laffen. Diefer nähert sich, ohne darauf zu erwiedern, der reizenden Esclarmonde und küßt ihre Rofenlippen. Sein zweiter Kuß war viel feuriger als der erfte, da er nicht mehr vom Gefandten Karls, fondern vom warmen Liebhaber kam; der dritte war fo glühend und fo langgezogen, daß die junge Esclarmonde, dadurch noch röther geworden als der Gott, der fie begeifterte, eben fo fehr das Anfehen hatte, ihn erwiedern zu wollen, als der Amiral über die lange Dauer deffelben ungeduldig zu werden fchien. Hüon begann nun, mit zarteften Worten feinen Auftrag zu berichten, aber leider mußte er mit der Forderung einer Hand voll Haare aus dem Barte und der vier dicken Backzähne des Sultans fchließen. Diefer, auf den der Ring einen fo gewaltigen Eindruck machte, daß er feinen Unwillen und feine Wuth unterbrückte, rief Hüon zu: „Chrift, ich befchwöre dich bei dem Gekreuzigten, den deine Seele anbetet, mir die Wahrheit zu fagen." Hüon erwiederte: „Du bift nicht würdig, verfluchter Sarazene, feinen göttlichen Namen zu nennen, aber deine Befchwörung bürgt dir für die Wahrheit meiner Antwort." Gaudiffe verlangte hierauf zu erfahren, wie es feinem Herrn Angoulafre ergehe, und durch welchen Zufall Hüon mit feinem Ringe hierher gekommen fei. Da diefer die ganze Wahrheit enthüllt und zum unterthänigen Gehorfam gegen Kaifer Karl aufforbert, ruft Gaudiffe, man folle fich des Verräthers, des Mörders feines Lehnsherrn und des Königs von Hyrkanien, bemächtigen. Bald ift Hüon von allen Seiten umringt, aber fein fürchterlicher Degen ftürzt die Verwegenften leblos hin;

Hüon wird gefangen genommen. Plan zur Rettung. 51

er schwingt sich auf einen marmornen Sims des Täfelwerks*),
und schlägt Kopf und Arme allen ab, die sich an ihn wagen.
Esclarmonde, bestürzt inmitten der Waffen, schaut seufzend
auf ihn hin, und sie kann den Wunsch nicht unterdrücken, daß ein
so schöner Ritter dem Tod entgehn möchte. Da aber Hüon
die Zahl der Kämpfer sich immer vermehren sieht, stößt er mit
solcher Gewalt in sein Horn, wie Roland bei Ronceevalles,
doch vergebens. Oberon hörte den Ton und seufzte. Hüons
Lüge am ersten Thore war eine so schwere Sünde, daß sie
nur durch Buße gesühnt werden konnte. Als dieser nun sah,
daß Oberon nicht herbeikomme, so ergab er sich in sein Schick=
sal, und er vertheidigte sich nicht mehr mit derselben Kraft;
sein Degen fiel ihm aus der Hand, man ergriff ihn, legte ihn
in Ketten und warf ihn in ein tiefes, dunkles Gefängniß, wo
er erst die Qual des Hungers und des Druckes der Ketten schwer
erleiden sollte, ehe er lebendig geschunden würde.

Treffan weiß nun weiter zu erzählen, wie die von Liebe
entbrannte Esclarmonde den unglücklichen Hüon in seinem
Gefängnisse besucht, der die länger als einen Monat täglich
wiederholten Besuche dazu benutzt, die Geliebte im Christenthum
zu unterrichten; der Gefangenwärter wird bestochen, daß er den
Hüon als todt anmeldet. Gérasme kommt an den Hof, gibt sich
für einen Neffen des Amirals aus, tritt mit Esclarmonden
in Verbindung und bereitet alles zur Flucht Hüons und der
reizenden Prinzessin, die sich entschlossen hat, ihm an den Hof
Karls des Großen zu folgen. Allein der so wohl überlegte,

---
*) Vgl. bei Wieland V, 64, 4: „Zieht, stets fechtend, sich allmählich an die
Wand."

4*

schon der Ausführung nahe Plan wird durch den Krieg zu nichte, womit Agrapard, Fürst von Nubien, der Bruder Angoulafres, den Amiral überzieht. In der Noth bedauert dieser Hüons Tod, und da er von Esclarmonden zu seiner Verwunderung vernimmt, daß dieser noch am Leben sei, läßt er ihn zu sich kommen; er verspricht ihm die Hand seiner Tochter zu geben und sich Karl dem Großen zu unterwerfen, wenn er den Agrapard besiege. Agrapard fällt unter Hüons Schwert, der von Gaudisse ein Geschenk verlangt, das dieser ihm zusagt. Hier schließt Wieland (V, 60) wieder an die ihm vorliegende Erzählung an. „Amiral", spricht Hüon, „ich kenne zu gut Karls großes Herz, als daß ich fürchten sollte, er werde meine Auslegung seines Befehls mißbilligen. Er verlangt nicht deine Zähne und deinen Bart, sondern daß du das Gesetz des falschen Propheten verlassest, und dich demjenigen unterwerfest, welches der Sohn Gottes mit seinem eigenen Blut besiegelt hat." „Ah, Christenhund!" erwiedert wüthend der Amiral, „ich würde lieber tausendmal den Tod erleiden als darein willigen. Entferne dich schnell aus meinen Augen oder ich lasse dich wieder mit denselben Ketten belasten." „Undankbarer, blinder Ungläubiger", ruft Hüon, „fürchte meine Rache! ich lasse dir nur einen Augenblick Zeit, mir zu gehorchen." Gaudisse schreit sofort, man solle ihn ergreifen; aber Hüon, voll Hoffnung, Oberon sei durch seine wahrhafte Reue versöhnt, stößt mit Gewalt in sein Horn, worauf dieser wirklich erscheint, begleitet von einem furchtbaren Heere, welches die sarazenischen Krieger entwaffnet; der Amiral ist sogleich in die Ketten geschlagen, womit er Hüon bedroht hatte. Oberon selbst ruft ihm zu: „Gehorche der himmlischen Macht oder du wirst die Strafe für

Oberons Hülfe und Mahnung. 53

deine Verstockung erleiden." Gaudisse, statt sich zu fügen, beginnt zu lästern, worauf ihm eine unsichtbare Hand seinen Säbel nimmt und ihm den Kopf abschlägt. "Nimm diesen Kopf, mein theurer Hüon, und erfülle den Befehl deines Kaisers", so ließ sich eine Stimme vernehmen. Hüon gehorchte und brachte sogleich die vier dicken Backzähne und eine Hand voll Haare aus dem Barte Gaudisses dem Feenkönige.*) "Wehe!" sprach Oberon weinend, "ich fürchte, du wirst diese kostbaren Pfänder deines Sieges und deiner Gesandtschaft nicht bewahren können." Deshalb verbirgt er sie auf seltsame Weise in Gérasmes rechter Seite im Fleische, was im Augenblick geschieht, ohne daß dieser irgend Schmerzen davon empfindet. Diese abgeschmackte Erfindung konnte Wieland natürlich nicht gebrauchen. Bald verdoppelten sich Oberons Thränen, mit denen die Erzählung etwas gar freigebig ist. Da Hüon dadurch beunruhigt wird, so beginnt sein Freund: "Ach, Hüon! ich kenne zu sehr deine Leichtfertigkeit, und mir schaudert vor dem Unglück, das dich befallen wird. Unglücklicher Hüon, du richtest dich zu Grunde, wenn du nicht gehorchst, und ich werde dir nicht helfen können." Dieser ruft den Himmel zum Zeugen, daß er sich seinen Befehlen unterwerfen werde, um die er bittet. "Nimm die schöne Esclarmonde mit dir", erwiedert Oberon**); "aber ehe du sie Karl vorstellst, gehe nach Rom; von der Hand des Papstes

---

*) Wie viel schöner läßt Wieland die Barthaare und die Backzähne des Sultans insgeheim durch einen Diener Oberons dem vor Schrecken erstarrten Sultan entnehmen, so daß Rezens Kindesliebe durch den schrecklichen Tod und die Entehrung ihres Vaters von der Hand ihres Geliebten nicht grausam verletzt wird. Vgl. VI, 6 f.

**) Man vergleiche dagegen bei Wieland die treffliche Ausführung V, 70—75.

mußt du die eheliche Einsegnung empfangen, und bis zu diesem
Augenblick hüte dich, Esclarmonden anders als wie deine Schwester
zu betrachten. Du wirst dich zu Grunde richten, wenn du nicht
gehorchst und ich werde dich nicht retten können."*) Hüon hat
die Vermessenheit, dies durch einen Schwur zu betheuern. Oberon
umarmt ihn und verschwindet mit seinem Heere. Es wird
nun weiter berichtet, wie Hüon die Statthalterschaft von Babylon
in sichere Hände legt, aber viele Sklaven und mit Schätzen be-
ladene Kamele mitnimmt. Wieland, der den Sultan nicht den
Tod erleiden läßt, weiß hiervon nichts; für das Bedürfniß der
Liebenden hat Oberon reichlich gesorgt. Wenn nach Tressans
Erzählung Hüon zuerst zur Landenge von Suez zieht und dort
zwei Schiffe mit den Schätzen des Amirals ausrüstet, so hat
bei unserm Dichter Oberon die Geliebte auf einem nicht gerade
mit raschester Zauberschnelle fliegenden Schwanenwagen durch
die Luft nach Askalon gebracht, wo sie ein Schiff bereit finden,
das sie in sechs bis sieben Tagen nach Lepanto führen soll.

Auf der Seefahrt wird Esclarmonde sogleich durch einen
von Hüon aus der Sklaverei befreiten griechischen Priester getauft. Bei Wieland ertheilt Hüon ihr jetzt erst den aller-
nöthigsten Unterricht im Christenthum, ehe sie die Taufe durch
einen auf dem Schiffe anwesenden Mönch erhält, der ein großer
Freund der Bekehrung Ungläubiger ist, einen „Jünger Sankt
Basils".**) In der Taufe erhält sie den christlichen auf die

---
*) Bei Wieland sagt Oberon (VI, 9), er würde sich „im Nu auf ewig von
ihnen trennen müssen", was doch dem Verlaufe nicht entspricht.
**) Die Mönche und Nonnen besonders der griechischen und der übrigen
orientalischen nicht vereinigten Kirchen folgen fast alle der Regel des 379 ge-

Liebe hindeutenden Namen A m a n d a, den Hüon selbst gewählt. Wieland spielt mit dem bedeutungsvollen Namen. Seltsam ist K. Hoffmanns Einfall, Hüon habe dabei den letzten Theil des Namens Esclarmonde benutzt; aus diesem hätte Wieland wohl M o n d e, aber nicht A r m o n d e nehmen können. Esclarmonde war, so fährt Tressan fort, noch so schwach im Glauben, daß sie wähnte, ihr neuer Stand reiche hin, viele Bedenken von ihrer und Hüons Seite wegzuräumen. Ihre Augen wurden immer lebhafter und zarter; Hüons Blicke, denen sie immer schöner schien, schmachteten bald nach ihr. Der gute Gérasme sah dies mit einer Art Schauder; noch schlimmer wurde es ihm zu Muth, als er bemerkte, wie Hüon eine Hand von Esclarmonden ergriff, drückte und küßte, und wie diese mit der andern Hand in seinen schönen Haaren spielte, indem sie einen reizenden Kuß ihm anbot, auf welchem Liebe und sehnsüchtige Begierde zu schweben schienen. „Oberon, Oberon! Segen des heiligen Vaters!" rief Gérasme. „Liebe, Liebe, gegenseitige Gabe und geheiligt durch unsern Glauben!" schrie Hüon noch stärker. „Ach, mein Freund Gérasme", fuhr er fort, „ist sie denn nicht getauft, und wird der weise Zwerg die Liebe uns nicht gestatten, da uns nur noch eine Förmlichkeit fehlt, die nicht so große Kraft haben kann als unsere bereits im Himmel eingeschriebenen Eide!" Gérasme war kein besserer Kasuist als sein Herr, und er würde seinen Beweis ganz unwiderleglich gefunden haben, hätte er nicht gewußt, daß der kleine Feenkönig eben so herrschsüchtig sei, als er Groll nachtrage. Er verdoppelte

---

storbenen Bischofs Basilius, der als einer der vorzüglichsten Schutzheiligen von der griechischen Kirche verehrt wird.

seinen Einspruch, aber schon wurde er von der zarten Esclar=
monde und seinem Freunde beinah nicht mehr gehört. Der
Streit dauerte lang und lebhaft. Da der verliebte Hüon sich
allen seinen Leidenschaften, selbst dem Zorne überließ, erkannte
Gérasme nur zu sehr die Wahrheit des alten Sprichworts, daß
glückliche und sehnsüchtige Liebe sich durch nichts aufhalten läßt.
„Wehe!" rief er, „Ihr wollt Euch zu Grunde richten; laßt mich
wenigstens für Euern Ruhm sorgen!" „Wehe!" fuhr er fort,
„vielleicht werde ich Euch nicht wiedersehn. Da Ihr in Euer
Verderben rennen wollt, so werde ich mich von Euch trennen
und in dem zweiten Schiff nach Frankreich reisen, damit Karl
wenigstens durch mich erfahre, daß Ihr Euch mit Ruhm bedeckt
und seine Botschaft ausgerichtet habt; die Pfänder, die ich da=
von in meiner Seite trage, werden dazu dienen, Euer Andenken
zu verherrlichen, und zu beweisen, wie sehr Euer Verlust zu
bedauern ist." Zu jeder andern Zeit würde Hüon die Ent=
fernung des treuen Gérasme nur mit Schmerz gesehen haben,
jetzt betrachtete er ihn nur als einen lästigen Mahner.[*]) So=
gleich ließ er das andere Schiff herankommen; man sagt, Es=
clarmonde soll selbst mit ihren schönen Händen geholfen haben,
die Brücke niederlassen, auf welcher Gérasme ins andere Schiff
hinüberging. Ihn begleitete eine ziemlich große Anzahl von
Sklaven, die Hüon mit sich führte. Die Segel des Schiffes
schwollen, und während es sich rasch entfernte, ließ Hüon
Anker werfen. Mit Freude bemerkte er, daß sein Schiff liegen
blieb. Bei Wieland, der die steigende sinnliche Neigung viel
treffender zu schildern weiß und hier die schöne Erzählung

---

[*]) Bei Wieland sendet Hüon den Scherasmin ab (VII, 3 ff.).

Scherasmins einlegt, findet die Trennung erst zu Lepanto statt, und zwar auf Hüons Wunsch, was viel passender scheint, da die Liebe des guten Alten in eine Trennung von seinem Herrn nur gezwungen sich ergeben kann. Scherasmin soll die Beweise, daß er seinen Auftrag erfüllt, dem Kaiser überbringen, und deshalb gleich ein nach Marseille abgehendes Schiff besteigen, während Hüon sich an Bord eines nach Neapel bestimmten Schiffes begibt.*) Wieland bedurfte des folgenden wegen eines Schiffes, das Hüon nicht selbst ausgerüstet hatte.

Der Feenkönig, der Papst zu Rom, Oberons Rache, der Segen der Trauung, heißt es weiter bei Tressan, alles verschwand vor den Augen des verliebten Hüon. Zuweilen leistete Esclarmonde noch einen schwachen Widerstand, allein der zwischen den Segeln des Schiffes verborgene Amor lachte bald über ihren geringen Erfolg; er schüttelt die glänzenden Strahlen seiner Fackel auf die beiden Liebenden, und den Augenblick drauf schwingt das grausame Kind seine Flügel, fliegt davon und verläßt die beiden Liebenden, die Oberons Rache verfallen sind. Man vergleiche hiermit Wielands treffliche Ausführung VII, 6—16. Kaum hat Hüon die Schuld begangen, als alle Winde, auf einmal entfesselt, das Schiff anfallen. „Die Mastspitzen des Schiffes berührten die Wolken, der Kiel sank bis zur Unterwelt herab, das Steuer war gebrochen; der theure Hüon schloß Esclarmonden in seine Arme, um sie gegen die

---

*) Oberon hat VI, 8 dem Hüon versprochen, in Lepanto würden sie ein Schiff finden, das sie nach Salern bringe. Die Verschiedenheit ist nicht sehr bedeutend, doch bleibt es auffallend, daß Wieland an jener Stelle nicht statt Salerns Neapel mit der volksthümlichen Form Napel („das euch nach Napel bringt") genannt hat.

schrecklichen Stöße zu halten, und er fand sie immer schön beim Leuchten der Blitze." Dieser Sturm dauerte zwei Tage und zwei Nächte. Endlich schleuderte ein heftigerer Windstoß das Schiff gegen eine schroffe Küste, an der es ganz zerschellte. Unsere beiden Liebenden, die sich mit einem Arm umschlungen hielten, mit dem andern einige Schiffstrümmer umfaßten, wurden bewußtlos auf einen flachen Felsen an der Küste geschleudert. Auch hier hat Wieland (VII, 17—38) eine viel lebhaftere Entwicklung gewählt. Hüon soll, da das Loos ihn als den Schuldigen erweist, vom Schiffe herabgeworfen werden; die Geliebte umschlingt ihn und reißt ihn mit sich in das stürmende Meer; Oberon flieht, aber der Wunderring an Reziens Finger rettet die Liebenden, denen Horn und Becher entrissen sind.

Als sie wieder zur Besinnung gekommen, fährt Tressan fort, hatte sich der Sturm gelegt und die Sonne zu scheinen begonnen. Hüon und Esclarmonde aber, halbnackt und von Hunger gequält (man vergleiche hierzu Wieland VII, 38—43), stiegen über die das Ufer umgebenden Felsen; hier gelangten sie zu einer Wiese und entdeckten ein ziemlich schönes Land, das ihnen unbewohnt schien. Vergebens suchte Hüon nach irgend einem Mittel, den Hunger zu stillen, er fand nicht einmal wilde Früchte. Sein Herz wurde zerrissen, als er die, welche er liebte, vom Hungertode bedroht sah, und es reute ihn, aber zu spät, daß er den Feenkönig durch die Verletzung seines Schwurs beleidigt hatte. Seine theure Esclarmonde hielt er halbtodt in seinen Armen; er richtete ihr Haupt auf, und seine bittern Thränen fielen auf ihren schönen Busen. „Welch ein schrecklicher Zustand, und welche Seele von Stein würde nicht bewegt, vernähme sie, wie selbst die Nähe des Todes die Liebe dieser zarten Herzen nicht auslöschen

Sturm. Schiffbruch). Von Sarazenen erkannt.

konnte, und daß sie, verzweifelnd, Oberons Rache zu besänftigen, sich [durch den Genuß der Liebe] noch schuldiger machten!" Während Hüon in den Armen Esclarmondens den Tod erwartete, vernahm er fernes Geschrei, das, da es von einigen Seeleuten herzukommen schien, eine schwache Hoffnung in seinem Herzen entzündete. Er verbirgt Esclarmonden sogleich in ein Dickicht von Pflanzen und Schilf (vgl. Wieland VII, 46), und geht dann mit großen Schritten auf das Ufer zu, von wo noch immer die Stimmen der Seeleute erschallen. Bald bemerkt er eine Anzahl von Sarazenen, die sich im Kreise niedergelassen; vom Sturm erfaßt, hatten sie an einer Bucht der Insel angelegt, ihren Mundvorrath ausgeschifft und ruhten eben aus. Hüon, der, die Augen voller Thränen, ihnen naht, bittet sie um irgend etwas, seinen Hunger zu stillen. Der eine von ihnen, der einen so schönen Mann nicht ohne Rührung in einem so schrecklichen Zustande sieht, gibt ihm zwei Brode. Hüon küßt die Hand des Gebers, und eilt mit der letzten Kraft, welche ihm die Liebe leiht, zu seiner theuern Esclarmonde. Sie verzehren einen Theil der Brode, ihre Kraft kehrt zurück, und schon glauben sie, Oberons Zorn lasse nach, aber wehe! wie viel Unglück wartete ihrer noch! Das Erstaunen über die Eile, womit er die Brode weggebracht, hatte in den Sarazenen die Vermuthung erregt, daß er nicht allein sein könne. Der Anführer nimmt deshalb einige Bewaffnete mit sich, windet sich zwischen dem Gebüsch durch und überrascht das liebende Paar. Da er einer der Unterthanen des Amiral Gaudisse war, so erkannte er leicht die schöne Esclarmonde, wie auch den Besieger Angoulafres und Agrapards. Er läßt sie umzingeln; Hüon, beinahe nackt, kann sich nicht vertheidigen; der Anführer bemächtigt sich Esclarmondens, welcher er die

Mitschuld am Tode ihres Vaters vorwirft, und er erklärt ihr, daß er sie zu ihrem Oheim Yvoirin, Amiral oder König von Mondran, führen werde. Esclarmondens Jammer und Thränen können ihn nicht rühren, doch will er Hüons Blut schonen. Allein Esclarmonde muß vor ihren Augen sehn, wie man ihrem Geliebten den Rest seiner Kleidung raubt, ihm die Hände fesselt, die Augen verbindet und ihn am Stamm eines alten Baumes fest schnürt. Ohnmächtig trägt man sie in das Schiff; der Anführer, der von König Yvoirin reichlich belohnt zu werden hofft, sucht sie zu beruhigen. Allein ein Sturm erhebt sich, vor dem der Anführer im Hafen der Hauptstadt des Königreichs Anfalerne eine Zuflucht sucht; doch der König Galafre mit Namen, der zufällig das Schiff sieht, wird von Esclarmondens Reizen so unwiderstehlich hingerissen, daß er sie dem Anführer mit Gewalt entreißt.

Wieland hat vor dem Ueberfall der Sarazenen eine höchst bedeutende Zeit glücklicher Ruhe eingeschoben, den mehr als zweijährigen Aufenthalt bei dem Einsiedler Alfonso, während dessen dem liebenden Paare der kleine Hüonett geboren wird. Diese Darstellung, welche zu den schönsten Theilen unseres Gedichtes gehört, ist Wielands Eigenthum*), ebenso die vorher-

---

*) Doch dürfte ihm hierbei die Geschichte des Altvaters Albert Julius und des Don Cyrillo de Valaro in Schnabels im vorigen Jahrhundert vielgelesener Insel Felsenburg vorschweben. Freilich findet Albert Julius nur noch die Leiche jenes de Valaro, aber sein Geist erscheint ihm mit einem fast bis auf die Knie reichenden weißen Barte. Die Entdeckung der schönen Gegend, zu der auch ein kürzerer verborgener Weg führt, ist ganz ähnlich, nicht weniger Concordiens Entbindung von einer Tochter und manches andere, wie die Darstellung des Schiffbruches. Koch meint (S. 39), es fehle der Erzählung von Alfonsos Schicksalen zu sehr alles individuelle Leben, als daß man annehmen könnte, es habe

gehende Erzählung von der Melone, welche so grausam die fast
Verschmachtenden täuscht, und von dem rieselnden Quell, mit
dessen Wasser Hüon die Geliebte ins Leben zurückruft. Amande
wird von den Sarazenen ergriffen, als sie nach ihrem von Ti=
tanien aus liebender Vorsorge geraubten Hüonett die ganze Ge=
gend durchsucht. Hüon kommt auf ihr Geschrei herbei, wird aber
nach tapferstem Kampfe bewältigt; während Amande in Ohn=
macht liegt, schleppt man ihn in den Wald hinein wo man ihn
mit Stricken an einen Baumstamm bindet, so daß er kein Glied
zu regen vermag, dagegen ist vom Verbinden der Augen keine Rede.
    Hüons Befreiung erzählt Tressan in folgender Weise. Nackt,
geknebelt, die Augen mit einer Binde bedeckt und von neuem
von Hunger gequält, war Hüon seiner letzten Stunde nahe. Zu
derselben Zeit saß Oberon in einem Walde am Fuße einer Eiche
und weinte bitterlich. Glorianb und Malembrün (vgl. oben S.
46. 48) warfen sich ihm zu Füßen, und fragten nach der Ursache
seines Schmerzes. Oberon erzählte ihnen, was eben geschehen
sei, und wie Hüons Treulosigkeit oder Ungehorsam es ihm un=
möglich mache, ihm beizustehn. Sie vermischten ihre Thränen
mit den seinigen; ohne Hüon zu vertheidigen, flehten sie Oberons
Güte so bringend an, daß dieser nicht länger widerstehn konnte.
„Nun gut!" sprach er zu Malembrün. „Willst du an seiner Strafe
Theil nehmen, wenn ich ihm das Leben rette? Du wirst noch
achtundzwanzig Jahre länger Kobold bleiben, wenn ich ihm

---

hier eine andere ausgeführte Darstellung vorgeschwebt; auch seien die Vergleichungs=
punkte „sehr ferneliegend". Aber wir können nicht zugestehn, daß es hier mehr
an individuellem Leben fehle als sonst bei Wieland, und der Einfluß des zu
Wielands Zeit so außerordentlich verbreiteten Buches, das auch Goethe als Knabe
las, dürfte bei dieser Episode kaum zu leugnen stehn.

Beistand leiste.**). „Ach, hundert Jahre, wenn es sein muß", erwiederte Malembrün, „kann ich dadurch Euern unglücklichen Freund von einem schrecklichen Tode erretten." „Gehe denn, da du es verlangst, auf die Insel Moysant", sprach Oberon, „aber wisse, daß ich dir nichts gestatte als ihn loszumachen, ihn über das Meer zu führen und auf die Küste des Staates des Königs Yvoirin zu bringen; keine andere Hülfe darfst du ihm leisten, auch keinen Rath geben. Bringe mir meinen Becher, mein Horn und meinen Panzer zurück**), und lasse den schuldigen Hüon in demselben Zustande, wie du ihn findest." Malembrün umfaßt Oberons Kniee, läuft im Fluge zum Meer, wirft sich hinein, und schwimmt sehr schnell, um den Hüon noch am Leben zu finden; er befreit ihn, nimmt ihm die Binde ab, umarmt ihn weinend, bringt ihn bis zum Meere, legt ihn auf seinen Rücken und durchschneidet wie ein Pfeil die Flut. An einem flachen Ufer setzt er ihn nieder, umarmt ihn noch einmal, stürzt sich, ohne ein Wort zu sagen, wieder ins Meer und verschwindet. Hüon, der den Malembrün daran erkannte, zweifelte nicht, daß Oberons Zorn sich gemildert und er eingewilligt habe, ihm wenigstens das Leben zu retten. Er warf sich am Ufer nieder, und die bittere Reue über seine Fehler war die erste Handlung, womit er sie auszulöschen gedachte. „Ja, theurer Oberon, ich habe Strafe verdient", rief er, „und ich unterwerfe mich meinem grausamen Schicksal, aber nimm dich Esclarmondens an!" Auch hier hat Wieland

---
*) Aehnlich ist in Shakespeares Sturm die Zeit bestimmt, welche Ariel dem Prospero bienen muß. Wieland läßt diese Kobolde ganz zurücktreten.

**) Es ist höchst sonderbar, daß Hüon diese noch besitzen soll; viel treffender raubt Oberon die beiden erstern nach Wieland gleich beim Sturme. Den Panzer hat Wielands Hüon nicht.

Hüons Rettung. Bei Mouffet und Yvoirin.

(X, 13—22) die überlieferten Züge auf das schönste gereinigt und gehoben.*)

In der ganzen nun folgenden Erzählung weicht Wieland von dem zu Grunde liegenden Roman völlig ab, da es ihm vor allem darum zu thun sein mußte, nicht bloß Amandens, sondern auch Hüons Treue in die stärkste Versuchung zu führen, um, nachdem die Liebenden die Prüfung glänzend bestanden, sie glücklich wieder zu vereinigen, sie aller Ehre und Anerkennung theilhaft zu machen. Nach dem Roman tritt Hüon bei einem alten Spielmann Meister Mouffet, einem ehemaligen Unterthan des Gaudisse, in Dienst, mit welchem er an den Hof des Königs Yvoirin geht, dessen Tochter er im Schachspiel besiegt und auf den vom König ihm bestimmten Preis, eine Nacht bei der Prinzessin schlafen zu dürfen, großmüthig verzichtet. Er zieht darauf mit gegen den König Galafre, dem Yvoirin wegen der gewaltsamen Zurückhaltung seiner Nichte Esclarmonde den Krieg erklärt hat. Er tödtet den Neffen des Königs Galafre, seine Tapferkeit gewinnt dem Yvoirin die Schlacht; bescheiden zieht er sich zurück, aber Yvoirin läßt ihn aufsuchen und durch die Hand seiner Tochter ihm den verdienten Lorberkranz aufsetzen. Eben hatte Galafre sich in seine Hauptstadt zurückgezogen, die er gegen Yvoirins siegreiches Heer befestigen will, als Gérasmes Schiff in den Hafen einlief. Derselbe Sturm, der Hüons Schiff zerschellte, hatte Gérasme an die Küste Palästinas

---

*) Oberon sitzt hier auf einer Felsenspitze „am Quell des Nil", wie er in Shakespeares Sommernachtstraum II, 1 erzählt, daß er auf einem Vorgebirg gesessen. Auch bei dem schnellen Kommen des Sylphen, „so rasch ein Pfeil vom Bogen das Ziel erreicht", schwebt wohl die Stelle desselben Stückes III, 2 von Puck vor, der Pfeil komme nicht geschwinder vom Bogen des Tartaren geflogen.

zurückgetrieben, wo er nicht unterließ, eine Wallfahrt nach dem
heiligen Grabe zu machen. Hier war er mit mehrern christ=
lichen Rittern zusammengetroffen, die ihn baten, sie auf seinem
Schiff nach Frankreich zurückzubringen. Aber ein Sturm hatte
ihn genöthigt, im Hafen von Anfalerne einzulaufen. Hier er=
fährt er zu seiner höchsten Freude Esclarmondens Anwesenheit,
der er sich zu erkennen gibt; eben will er mit ihr den Plan
zur Flucht verabreden, als der eifersüchtige Galafre eintritt
und ihn mit sich führt. Auf dessen Vorschlag, mit dem Besieger
seines Neffen einen Zweikampf zu wagen, geht er bereitwillig
ein. Der andere Morgen wird zum Kampfe bestimmt, der in
der Mitte zwischen beiden Heeren stattfinden soll. Noch zur
rechten Zeit erkennt Gérasme im Gegner seinen Herrn; er stellt
sich, als ob er verwundet sei, und bittet um Gnade, dann aber
fordert er die ihn umgebenden christlichen Ritter und Hüon auf,
sich sofort auf Galafres Heer zu werfen und Anfalerne in
Besitz zu nehmen. Dies geschieht. Yvoirin übergibt sich der
Gnade Galafres, mit dessen Hülfe er seine Hauptstadt den Christen
zu entreißen gedenkt. Unterdessen hatte Hüon bereits die Kniee
Esclarmondens umfaßt, der er alles glaubt, was sie über die
Art und Weise berichtet, wie sie Galafres Werbungen widerstanden;
sie hatte sich nämlich zur Verbindung mit ihm bereit erklärt, unter
der Bedingung, daß er zwei Jahre warte, weil sie während
des Sturms gelobt habe, so lange keine Verletzung ihrer Keuschheit
zu gestatten. Diesmal hatte der gute und weise Gérasme sich
das Wort gegeben, sie nicht mehr aus den Augen zu lassen,
und sein weißer Bart diente oft als Schlagbaum zwischen den
beiden Liebenden. Nachdem sie Anfalerne in guten Stand gesetzt
hatten, beriethen sie die Mittel zur Flucht. Am folgenden Tage

läuft ein großes Schiff christlicher Ritter in Anfalerne ein. Zur höchsten Freude sehen sie von ihm Gérasmes Bruder Guire steigen, den Hüon als Bürgermeister von Bordeaux verlassen hatte. Von ihm vernehmen sie, wie er der schrecklichen Zwingherrschaft von Hüons grausamen Bruder Girard entgangen sei, und sich nach dem Morgenland begeben habe, um seinen guten Herrn aufzusuchen. Nachdem Hüon noch einen glücklichen Ausfall gegen die Sarazenen gemacht, verläßt er nebst Esclarmonden, Gérasme, Guire und den christlichen Rittern Anfalerne, von wo ein günstiger Wind sie in acht Tagen nach Italien bringt. Gérasme und Guire lassen diese Zeit über Hüon und Esclarmonden weder am Tage noch in der Nacht allein. Sofort begeben sich beide nach Rom, wo Hüon sich reuevoll vor den Füßen des Papstes niederwirft, der ihm seine Sünden vergibt, die an der Taufe Esclarmondens noch fehlenden heiligen Gebräuche ergänzt und den Ehebund einsegnet. Aber Hüons Leiden sind hiermit noch nicht zu Ende. Sein Bruder Girard überfällt ihn, beraubt ihn aller Schätze, auch der vier Backzähne und der Haare aus dem Barte Gaudisses, da er von ihm selbst erfahren, daß diese in Gérasmes Seite verwahrt seien. Hüon wird mit Esclarmonden und Gérasme in Bordeaux eingekerkert und von Girard beim Kaiser des Hochverraths angeklagt. Karl der Große, der Charlots Tod gern an Hüon rächen möchte, eilt selbst nach Bordeaux. Die Stimmen der zu Gericht sitzenden, durch falsche Zeugnisse getäuschten Pärs waren getheilt, aber der Kaiser glaubte sich durch das Uebergewicht der seinigen berechtigt, Hüon und Gérasme zum Galgen, die schöne Esclarmonde zum Scheiterhaufen zu verurtheilen. Der Herzog Naymo verließ mit andern Pärs das Gericht, indem er gegen die Ungerechtigkeit dieses grau-

samen Urtheils Einspruch erhob. Die Vollziehung ward auf
den Nachmittag festgesetzt, wo der Kaiser mit den ihm beistimmen=
den Pärs sich bei Tafel dieses schrecklichen Schauspiels erfreuen
wollte. Vergeblich waren die lebhaftesten Vorstellungen des
Herzogs Nayms. Nichts schien den Hüon von einem so
schmählichen und grausamen Tode retten zu können. In dem=
selben Augenblick sahen die beiden Koboldritter Gloriand und
Malembrün Oberons Thränen fließen. „Ach!" rief er, „Hüon,
Hüon, wie büßest du gegenwärtig einen Augenblick der Schwäche!
Aber du hast dein Verbrechen zu Füßen des heiligen Vaters
bekannt und dir die Gnade des Allerhöchsten wieder erworben;
deine Strafe ist hart genug, und ich kann dir endlich beistehn."
Gloriand und Malembrün umfassen bei diesen Worten seine
Kniee und drängen ihn, ihrem theuern Hüon zu Hülfe zu
fliegen. „Ich wünsche mich", spricht der Feenkönig, „nach der
Stadt Bordeaux an der Spitze von hunderttausend Mann,
von denen zehntausend alle Eingänge des vom Kaiser bewohnten
Palastes besetzen sollen. Ich will, daß sich eine Tafel zur Seite
der seinigen erhebe, zwei Fuß höher als diese, mit fünf Gedecken,
und auf ihr sollen mein elfenbeinernes Horn, mein Humpen
und mein Panzer sich befinden." Alles geschah im Nu. Der
Kaiser erhebt sich ungestüm von der Tafel, da er dieses bemerkt,
während Gérasme den Herzog Hüon auf Horn, Humpen und
Panzer hinweist, die ihn von Oberons Hülfe überzeugen. Bald
läßt sich Pauken= und Trompetenschall vernehmen; die große
Saalthüre öffnet sich mit Getöse; der reizende Zwergkönig Oberon
tritt ein mit stolzer Miene in einem von Edelsteinen glänzenden
Gewande: er würdigt den Kaiser keines Grußes, nicht einmal
eines Blickes, während er beim Vorübergehen ihn mit dem

Oberon rettet Hüon.

Ellenbogen streift. In demselben Augenblicke fallen Esclarmondens, Hüons und Gérasmes Fesseln ab; sie erscheinen in reichen und glänzenden Kleidern, während Girard und die übrigen Verräther in Ketten stehen und einen Strick am Halse tragen. Oberon setzt sich an der Tafel auf einen hohen goldenen Thron; zu seiner Seite läßt er seine drei Freunde und den Herzog Nayms Platz nehmen. Dann nimmt er seinen reichen Humpen, segnet ihn und trinkt, und der immer von köstlichem Weine gefüllte Becher geht von Hand zu Hand, bis er zum Herzog von Nayms kommt, der ihn leert. Oberon nimmt ihn, segnet ihn von neuem und läßt ihn, mit Wein gefüllt, durch Hüon dem Kaiser zukommen; aber kaum hat dieser ihn berührt, so ist er leer, und sofort ruft Oberon ihm zu: „Erkenne, Kaiser, die Schuld deiner Seele und den Schimpf, den dieser Becher dir anthut! Nicht allein durch die Ungerechtigkeit und die Rache, welche du gegen den Herzog Hüon, deinen edlen und treuen Lehnsmann, ausüben wolltest, hast du dich strafbar gemacht, sondern zittre, daß ich hier nicht auch deine übrigen geheimen Verbrechen verkünde, die dich mit Schande bedecken." Karl, betroffen durch diesen Vorwurf, senkte das Haupt, ohne etwas zu erwiedern. Nachdem Oberon den Girard zum Geständniß seiner Schurkerei genöthigt, wünscht er die Gaubisse genommenen Backzähne und Barthaare herbei, und er spricht zu Hüon: „Gehe und trage sie deinem Kaiser, sage ihm, daß du dich seines Auftrags entledigst, bitte dir deine Lehen zurück und bringe ihm deine Huldigung dar." Hüon gehorcht, und Karl, immer mehr in Erstaunen gesetzt, wird am Ende durch den Gehorsam des Herzogs, durch die Gefahren und Mühen gerührt, welche dieser so lange geduldet, um seinen Befehl zu erfüllen. Er gibt ihm alle seine Lehen zurück, nimmt seine Huldigung an, verzeiht ihm die Ermordung Charlots und umarmt ihn zärtlich. Vergebens bittet Hüon den Oberon fußfällig um das Leben seines Bruders; dieser bleibt unbeweglich, und so sieht man bald die Verräther am Galgen hängen. Karl erzeigt dem Feenkönige und der schönen Esclarmonde alle Ehren. Oberon nimmt ihm das Versprechen ab, sich mit dem Himmel versöhnen zu wollen, um aus dem Becher trinken zu können, und unter dieser Bedingung sagt er ihm seine Dienste und seine Freundschaft zu. Auch hier hat der Roman sein Ende noch nicht erreicht, vielmehr schließen sich hier die wunderlichsten weitern Gefährlichkeiten Hüons und der Seinigen an, die Tressan nur theilweise berichtet. Beim jetzigen Abschiede vergießt Oberon wieder Thränen, indem er der Leiden gedenkt, welche seinem geliebten Hüon noch drohen. Schließlich fordert er ihn auf, ihn nach einigen Jahren in seinem Zauberwalde, dem Mittelpunkt seines Reiches, aufzusuchen, da er ihm sein Feenkönigreich vererben wolle.

Wieland läßt Hüon, Amanden, Scherasmin, der von Paris umgekehrt ist, und die ganz aus eigenen Mitteln ausgestattete Fatme sich am Hofe Almansors zu Tunis wiederfinden. Den häufig vorkommenden arabischen Namen Almansor*) dürfte dieser der in demselben Bande der Bibliothèque des Romans mitgetheilten Erzählung von Massuccio entnommen haben, wo ein Almanzor als König von Fez erscheint. Den Namen der Almansaris hat er mit größter Freiheit mit Anfügung

---

*) Eigentlich al Mansûr, d. h. dem Gott hilft. Wieland braucht zuweilen mit Wegwerfung des Artikels Mansor.

Schluß des Romanes und des Gedichtes. 69

einer griechischen weiblichen Endung gebildet.*) Bei dem den
beiden Liebenden drohenden Feuertode dürfte die ähnliche Geschichte von Sophronien und Olind im zweiten Gesange von
Tassos befreitem Jerusalem vorgeschwebt haben. Auch wird
man dabei an eine Novelle Boccaccios (V, 6) erinnert. Bei
Ariost rettet Rüdiger den Richarbett vom Feuertode (XXV, 7 ff.).
Esclarmonde wird im Prosaromane zweimal vom Scheiterhaufen
gerettet.**) Der durch das Horn veranlaßte Tanz ist glücklich
vom Dichter benutzt, die Entrückung in den Wunderhain Oberons
und später nach Paris, sowie Hüons Turnierkampf um seine
Lehen so trefflich erfunden als ausgeführt.

Die Romanerzählung läßt den Hüon zweimal fallen, zum
erstenmal, als er beim ersten Thore am Hofe des Amirals
Gaudisse sich für einen Sarazenen ausgibt, wo aber Oberons
Zorn durch Hüons ernstliche Reue und die darauf ausgestandenen
Leiden besiegt wird, als Gaudisse sein Wort brechen und den
Ritter, weil er ihn zum Christenthum zu bekehren sucht, wieder
in Ketten legen will. Das zweitemal fällt er, weil er seinem
Versprechen, die Geliebte unberührt zu lassen, bis der Papst
ihren Ehebund eingesegnet, ungetreu wird, und sich nach der
verbotenen Frucht gelüsten läßt. Diesmal hat sich Oberon

---

*) Der Name ihrer Vertrauten Nabine war allgemein bekannt. Er
selbst hatte längst eine lüsterne Erzählung in Versen unter diesem Namen „in
Priors Manier" gedichtet.
**) Koch S. 46 f. weist auf die Geschichte von Flos und Blankflos hin, die
Wieland aus dem deutschen Volksbuche (jetzt bei Simrock B. 7) und aus der
Bibliothèque bleue gekannt habe. Aber im deutschen Volksbuche wird das Liebespaar nicht zum Scheiterhaufen verurtheilt, und es ist sehr die Frage, ob Wieland
die Geschichte aus der Bibliothèque bleue oder Boccaccios Il Filicolo o Filicopo
kannte.

ganz von ihm abgewandt, so daß er nur auf bringende Bitten seiner Geister einem derselben gestattet, ihm das nackte Leben zu retten, und ihn in die Nähe Esclarmondens zu bringen, ohne aber die Möglichkeit einer Wiedervereinigung mit dieser besonders zu fördern. Oberons Zorn hält jetzt so lange an, bis er nicht allein vom Papste Verzeihung seiner Sünden und die Einsegnung seiner Ehe erlangt hat, sondern auch, durch den schmählichsten Verrath seines Bruders um die Frucht aller seiner Anstrengungen gebracht, vom Kaiser, der seines Sohnes Mord zu rächen gedenkt, zu schmachvollem Tode verurtheilt worden, und eben soll er am Galgen seinen Heldenlauf enden, als Oberon eintritt und des Kaisers schändliche Rache zu nichte macht. Ein doppeltes Verbrechen Hüons konnte Wieland gar nicht gebrauchen, er mußte der endlichen Versöhnung Oberons einen tiefern Grund geben, den er nur in der treuen Liebe finden konnte, welche sich durch alle Noth und alle Prüfung siegreich bewährt. Hierdurch wurde die ganze Umgestaltung der Sage bedingt. Um aber den hohen Werth unerschütterlicher Liebestreue in bedeutsamster Weise auszuprägen, griff der Dichter zu einem vortrefflichen Mittel, indem er die nach seiner Weise gewandte Sage von der Aussöhnung Oberons mit seiner Gattin Titania darein verwebte, und sie mit Hüons Schicksal zu unauflöslicher Einheit verschlang. Er nahm diese Sage aus Shakespeares Sommernachtstraum*), wo zuerst Titania

---

*) Zu VI, 99 vgl. Titaniens Worte im Sommernachtstraum II, 1:
    Sein Bett und seinen Umgang schwor ich ab. —
  — Seit des Sommers Mitte trafen wir
    Uns nie auf Höhn, im Thal, auf Wald und Au,

Aussöhnung Oberons mit Titanien. Pope.

als Elfenkönigin erscheint, doch konnte er weder die dort vor=
kommende Art der Versöhnung noch die Ursache des Streites
benutzen, welche in einem von Titanien geraubten indischen
Knaben besteht, den die Elfenkönigin ihrem Gatten nicht ab=
treten will. Die Veranlassung zur Trennung nahm er aus
Popes Erzählung „Januar und Mai", einer Bearbeitung der
Erzählung des Kaufmanns in Chaucers (1328—1400) Canter=
bury=Erzählungen (V. 9121—10273).*) Nach Wielands
eigener Aeußerung, sein Oberon sei mit demjenigen dieselbe
Person, welcher in Chaucers Merchants - tale und in Shake=
speares Midsummer - nights - dream als ein Feen= oder Elfen=
könig (King of Fairies) erscheine, sollte man glauben, Chaucer
selbst habe bei der Erzählung Scherasmins (VI, 36—104) zu
Grunde gelegen, allein daß dieses nicht der Fall sei, ergibt
sich schon aus dem Umstande, daß bei Chaucer statt Oberon
und Titania Pluto und Proserpina stehen, während Pope den
König und die Königin der Feen ohne Namensbezeichnung

          Am kieselklaren Quell, am rauschenden Bach,
          Noch an des Meeres wogenvollem Strand,
und Puck: Jetzt treffen sie sich nie im grünen Hain.

*) January and May or the Merchants tale from Chaucer. Chaucers un=
mittelbare Quelle war ein französisches Fabliau du poirier. In den in lateini=
schen Distichon geschriebenen Fabeln des Alphonsus von 1315 findet sich auch
unsere Geschichte vom Birnbaum, doch ohne Einmischung heidnischer Gottheiten.
Eine englische Fabelsammlung von 1500 hat auch die des Alphonce of the blynde
man and of his wife. Von derselben Art ist die Erzählung bei Boccaccio VII, 9,
und auch in der aus indischer Ueberlieferung stammenden persischen Sammlung
„Frühling der Weisheit" (XII, 4) und in „Tausend und einer Nacht" (Nacht 898)
findet sich ähnliches. Man vergleiche auch Lafontaines Gageure des trois Com=
mères.

nennt.*) Auch zeigen einzelne Stellen, daß Pope benutzt ist.**) Die sinnbildlich bezeichnenden Namen des seltsamen Ehepaares January und May hat Pope beibehalten, wogegen Wieland

---

*) In dem von Wieland selbst später seinem Gedicht beigegebenen „Glossarium über die im Oberon vorkommenden veralteten oder fremden, auch neu gewagten Wörter, Wortformen, Redensarten", dessen Erklärungen in der von Gruber veranstalteten Ausgabe nach der Folge des Gedichts geordnet sind, heißt es unter dem Worte Elfen (bei Gruber ist diese Bemerkung ausgefallen): „In Chaucers Merchants-tale ist Oberon König der Fairies. Unser Dichter hat diese Elfen zu einer Art von edlen, mächtigen und den Menschen gewogenen Sylfen erhoben, und Oberon, ihr König, spielt in diesem Gedicht eine so wichtige Rolle, daß es daher den Namen von ihm erhalten hat."
**) St. 39 unter sanftem Druck entspricht Popes her moving softness. St. 62 ist der Brunnen aus Pope genommen, da er bei Chaucer fehlt, wie auch der Stab (bei Pope das Zepter) St. 88. Aus Popes killing words ist St. 95 dein treues Weib zu morden geflossen. Wenn St. 36 das wielandsche „ein Hofmann übrigens, galant und wohlerfahren" dem popeschen:
A wise and worthy knight
Of gentle manners, as of gen'rous race
mehr entspricht als Chaucers worthy knight, so ist darauf weniger zu geben, da Wieland einer weitern Ausführung zum Schlusse der Stanze bedurfte. Auch möchte Popes fruitful banks verdant laurel gegenüber Chaucers laurel alway grene kaum Wielands „Hecken von Myrten" (St. 61) näher stehn. Noch hat die meisten dieser Stellen angeführt. Seinen Beweis (S. 54), Wieland sei an einigen Stellen offenbar Chaucer gefolgt, finde ich nicht stichhaltig. Den Tessin (St. 36) konnte Wieland ebensogut aus Popes Lombardei, als aus Chaucers Pavia nehmen. Zum „Schmiegen des steifen Halses in das sanfte Joch der heilgen Ehe" bedurfte Wieland nicht Chaucers to live under the holy band, er führte launig Popes to try the pleasures of a lawful bed aus, der auch leave in holy hat und vom yoke spricht. St. 60: „Daß nur die Frage ist, wie man sich nähern könnte?" scheint mir keineswegs auf Chaucer zurückzugehn (Thore laketh noughtbut only day and place. Where that she might unto his lust suffice). Endlich lag es Wieland sehr fern, seinen alten Edelmann am Anfang „an Weisheit ziemlich grün" dar-

sie in **Gangolf** und **Rosette** verändert hat, doch haben jene ihm VI, 42 die Veranlassung zu dem Vergleiche geboten: „Sie gleichen sich wie Januar und Mai." Die von Wieland gebrauchten Vornamen für das hübsche Weibchen und den verlebten, steif und schwer einhergehenden (VI, 53) alten Herrn sind charakteristisch gewählt.*) Auch **Walter** vertritt glücklich den **Damian**. Wir geben die Hauptzüge der Erzählung nach Pope.

In alter Zeit lebte in der Lombardei ein Edelmann, der sich dem freiesten Liebesgenusse hingegeben hatte; erst als er das sechzigste Lebensjahr überschritten hatte, entschloß er sich zu heiraten. Nachdem er lange gewählt, entschied er sich zuletzt für die jugendliche Mai, deren Vorzüge ihm immer vorschwebten, „ihr zartes Alter, ihre göttlich schöne Gestalt, ihre leichte Bewegung, ihre anziehende Miene, ihr liebliches Wesen, ihr bezauberndes Gesicht, ihre rührende Sanftheit und ihre majestätische Anmuth",**) wogegen ihre Fehler ihm entgingen.

---

zustellen trotz Popes blest with much sense und sage. Freilich war Chaucer in den Jahren 1775—1778 in einer großen wissenschaftlichen Ausgabe erschienen, aber davon, daß Wieland ihn gekannt habe, findet sich keine Spur — ein Schweigen, das um so schwerwiegender ist, als es Wieland sehr nahe gelegen hätte, auf eine oder die andere dieser Erzählungen irgend einmal in seinem Merkur oder sonst anzuspielen.

*) **Gangolf** ist **Gangwolf**. Vgl. **Wolfgang**. Kaum dachte Wieland daran, daß dieser Heilige auf Anstiften seiner ehebrecherischen Frau vom Ehebrecher getödtet wurde. — Den Namen **Rosette** nahm er aus dem italienischen Gedichte Dama Rovenza del Martello oder vielmehr aus dem Auszug desselben in der Bibliothèque des Romans im zweiten Julibande 1778, wo die zweite Tochter des Königs Balsazor Rosette heißt und ausdrücklich auf die Bedeutung des Namens hingewiesen wird.

**) Die von Wieland genannten dreiunddreißig Stücke einer vollkommenen

II. Stoff.

Da sprach Januarh zu seinen Freunden: „Ein Mädchen gibt es, der Liebling meiner Augen, jung, schön, ungekünstelt, unschuldig und weise, keusch, wenn auch nicht reich, und wenn auch nicht von edler Herkunft, doch von braven Eltern geboren, und dies ist mir genug. Um sie will ich mich bewerben, wenn es dem Himmel gefällt, auf daß ich mein Leben gut und ruhig hinbringe, und Gott sei Dank! ich werde allein den reizenden Preis besitzen und meine Seligkeit mit niemand theilen. Könnt ihr, meine Freunde, mir diese Jungfrau verschaffen, so wird meine Freude voll, mein Glück sicher sein." Die Werbung erfolgt, die Eltern des Mädchens erklären sich einverstanden, und auch das Herz der ersehnten Braut war nicht schwer zu bewegen. Aber schon am Hochzeitstag entbrannte Damian, Januarys vertrauter Diener, in glühender Liebe zu seiner jungen Herrin. Er schrieb ein Sonett auf die Geliebte, wickelte es in Seide und trug es auf seinem Herzen. Erst am vierten Tage trat die Braut nach vornehmer Sitte aus ihren Zimmern, um in der Halle an der Seite ihres Gatten zu speisen. Zu seinem größten Bedauern vermißte Januarh seinen geliebten Damian, den Krankheit auf seinem Zimmer zurückhielt. Die schöne Mai mußte ihn auf ihres Gatten Wunsch besuchen, wo er ihr das Sonett überreichte. Ihre Brust ward von Liebe zum schönen Diener ergriffen. Januarh, bei dem es stets hoch herging, besaß einen wunderschönen mit Mauern umgebenen Garten, in welchem sich ein herrlicher Springbrunnen befand, umgeben von grünen Lorberbäumen. Die flinken Elfen trieben um

---

weiblichen Schönheit finden sich in des Jacques Francois de la Chambre L'art de connoître les hommes (1660)". Andere zählen 18, 21, 30, 60 oder gar 72 Stücke auf. Vgl. R. Köhler in Pfeiffers Germania XI, 297 f.

diesen Brunnen ihren Spuk, ihr Zwergkönig und ihre schöne
Königin hüpften auf dem Grünen in Kreistänzen, während die
wohltönenden Geister ein lustiges Konzert machten und heitere
Musik durch den Schatten erscholl. Hierher begab sich January
im Sommer häufig mit seiner Gattin ganz allein, da nur er
den wohlverwahrten silbernen Schlüssel zur Gartenthüre besaß.
Allein plötzlich erblindete January, und nun ergriff ihn die
fürchterlichste Eifersucht. Seine Gattin durfte sich jetzt keinen
Schritt von ihm entfernen, er hielt sie wie gefangen, bewachte
sie Nacht und Tag, verkürzte ihre Vergnügungen und beschränkte
ihre Freiheit. Sehr oft ergoß sich die unglückliche Mai in
Thränen und seufzte, aber vergebens. Auf Damian schaute
sie mit verliebten Augen: denn ach! es stand fest, sie mußte
ihn besitzen oder sterben. Und keine geringere Ungeduld quälte
ihren Liebhaber, welcher sich nicht enthalten konnte, in ge=
heimen Briefen seinen Schmerz zu enthüllen, wogegen diese
durch Zeichen ihre freundliche Gesinnung verrieth. Endlich ge=
lang es der Dame, den Gartenschlüssel, den der Alte stets bei
sich trug, in ihre Hand zu bekommen*); sie drückte ihn sofort
in Wachs ab, wonach denn Damian sich einen Schlüssel machte.
An einem schönen Sommermorgen**) (Chaucer nennt den Juli)
fühlte January unwiderstehliche Lust, den Garten mit seiner
schönen Frau zu besuchen, und so sang er ihr anklingend an

---

*) Nach Wieland nahm sie ihn beim Alten, als er beim Schlafengehen sein
Ave sang (VI, 63), ein hübscher Zug, durch welchen die Darstellung frisches
Leben erhält.
**) Später hören wir, die Sonne habe schon das Zeichen der Zwillinge
verlassen gehabt und Jupiter, der sich erhoben, seinen milden Einfluß auf Erde
und Flur geübt.

das Hohelied: „Wach' auf, meine Liebe, öffne deine glänzenden Augen, erhebe dich, mein Weib, meine schöne Herrin, erhebe dich! Höre, wie die Tauben in schwermüthigen Tönen klagen und in sanftem Girren den Bäumen ihr Wehe verkünden. Der Winter ist vorüber, Wolken und Sturm sind geflohen, die Sonne schmückt die Fluren und der ganze Himmel erglänzt. Schön bist du ohne Makel, und jeder deiner Reize verwundet meine Brust, hält mein Herz gefangen. Komm, laß uns in gegenseitiger Lust uns vergnügen, du Freude meines Lebens, du Trost meines Alters."*) Die Gattin gibt darauf ihrem Damian ein Zeichen, ihnen rasch voranzugehn; dieser eilt in den Garten, wo er sich hinter eine Sommerlaube versteckt, wogegen bei Wieland der Birnbaum nach früherer Verabredung gleich bestiegen wird. Bald darauf kommt January mit der schönen Mai in den Garten. „Hier laß uns wandeln", spricht er, „von niemand bemerkt, im Genusse der Freuden, von denen die Welt nichts weiß. So möge meiner Seele Heil widerfahren, wie du, mein Weib, der bei weitem liebste Trost meines Lebens bist, und eher wollte ich den Himmel bitten, mich diesen Augenblick sterben zu lassen, als daß ich deine Liebe verlieren sollte. Bedenke, welche Treue ich in meiner Neigung zu dir bewährt, da ich dich ohne Aussteuer zu meiner Gattin machte, und keinen Schatz suchte als dein Herz. Alt bin ich und jetzt des Gesichtes beraubt, allein bleibst du deinem treuen Ritter getreu, so soll weder Alter noch Blindheit mich des Genusses berauben. Jeden andern Verlust kann ich mit Geduld ertragen, nur deinen Ver-

---

*) Wieland VI, 64, 4 f. benutzte dies in den Worten:
„Komm, meine Taube", spricht zu seinem andern Ich
Der graue Tauber.

Lust allein fürchte ich. Bedenke denn, meine Herrin und mein Weib, die wahrhaften Vortheile eines tugendhaften Lebens! Zuerst gewinnst du selbst die Liebe Christi, dann bleibt deine eigene Ehre unbefleckt, und endlich wird, was deinen Sinn gewiß am meisten bewegen muß, mein ganzes Vermögen deiner Liebe zum Lohn werden. Mache selbst die Bestimmungen der Schenkung, und ehe die Sonne morgen untergeht, soll beim Himmel! sie vollzogen sein. Ich besiegle den Vertrag mit einem heiligen Kusse, und will ihn, meine Theure, durch dieses und jenes zur Ausführung bringen. Sei heiter, Geliebte, und glaube nicht, daß dein Gemahl böse sei! Es ist Liebe, nicht Eifersucht, was meinen Geist in Glut setzt; denn wenn deine Reize meine ehrbaren Gedanken bewegen und mein ungleiches Alter anziehen, vermag ich nicht von deiner theuern Seite zu scheiden; solche geheime Lust erwärmt mein schmelzend Herz. Denn wer einmal diese himmlischen Reize besessen hat, kann der auch nur einen Augenblick fern von deinen Armen leben?"
Die schöne Mai erwiederte darauf mit bescheidener Anmuth (ihre Stimme war schwach und sie weinte, während sie sprach): „Der Himmel weiß es (hierbei ließ sie einen tiefen Seufzer), auch ich habe so gut, wie du, eine Seele zu bewahren, und meine Ehre, deren Erhaltung du meiner Sorge nicht weniger anempfiehlst, werde ich bis zum Tode vertheidigen. Dir habe ich in der heiligen Kirche meine Hand gegeben und mein Herz im geweihten Ehebunde angetraut; wenn du aber hiernach in meine Sorgfalt noch Mißtrauen setzest, so höre meinen Schwur und nimm ihn an! Erstlich möge die Erde gähnend ihren Busen öffnen und mich lebendig zur Hölle herabschlingen oder ich möge den Tod sterben, den ich nicht weniger als die Hölle scheue,

in einen Sack genäht in das Wasser geworfen werden, ehe ich meinen Ruf durch irgend eine Ausschweifung schänden oder je der Ehre meines Geschlechtes entsagen werde; denn wisse, Herr Ritter, ich stamme von ehrbarem Blute, ich hasse eine Hure und schrecke schon vor dem Worte zurück. Aber eifersüchtige Männer denken an ihre eigenen Verbrechen und lernen daraus ihre Gattinnen verdächtigen. Wozu denn sonst, Herr, diese unnöthigen Vorsichtsmaßregeln gegen mich, diese Bedenken und diese Furcht wegen weiblicher Treue? Doch dieses Geleier vernimmt jede Gattin, diese Weise muß ein Weib immer zu hören gefaßt sein." Wie sehr hat Wieland (VI, 66—75) dieses Gespräch zu heben gewußt, indem er der Rede Gangolfs das Widrige, Gemeine nahm, die Lift Rosettens dagegen feiner und geschickter in ihrer die reinste Liebe erheuchelnden Rede hervortreten ließ! Zu den Beispielen von der Untreue der Frauen aus der Bibel ward Wieland durch eine frühere Stelle Popes gebracht, wo January umgekehrt aus der biblischen Geschichte den hohen Werth einer guten Frau*) nachweist; auch hier bewährt er der langweiligen Ausführung des englischen Dichters gegenüber seinen feinern Geschmack und seine lebhaftere Darstellung.

Da sie also sprach, fährt Pope fort, warf sie ihren Blick seitwärts, wo Damian ihr knieend huldigte, als sie vorbeiging. Sie sah, wie er auf den Wink ihres Auges wartete, und wählte einen Birnbaum aus, dessen Aeste alle voll Birnen hingen,

---

*) Als eine solche erscheint bei Chaucer und Pope Judith, die ihr Volk gerettet. Daß bei Wieland Judith als eine böse Frau gilt, stimmt mit der durch Voltaire verbreiteten Auffassung.

so daß er einen herrlichen Anblick darbot. Dorthin richtete der gehorsame Diener seine Schritte, klomm herauf und nahm in der Höhe des Baumes seinen Sitz; der Ritter aber und seine Gattin gingen auf den Baum zu. „Es traf sich nun, daß in dieser schönen Morgenzeit [des Sommers] die Feen am Rande des Gartens sich erlustigten und in ihrer Mitte ihr Monarch und dessen Gattin. So zierlich trippelten die leicht= füßigen Damen herum, so flink hüpften die Herren über den Rasen, daß sie kaum die Blumen bogen oder den Boden be= rührten. Nachdem der Tanz zu Ende war, durchsuchte der ganze Feenschwarm die Blumenflur nach Nelken und Maßlieben, während, auf eine Bank von schwellendem Grün hingestreckt*), der König sich also mit der Königin besprach: „Zu offenbar, du magst sagen, was du willst, ist die Falschheit der Weiber gegen die Männer. Tausend Schriftsteller haben diese Wahr= heit ausgesprochen, und die leidige Erfahrung läßt keinem Zweifel Raum. Gott habe dich selig, edler Salomo, die Sonne sah nie einen weisern Monarchen; aller Reichthum, alle Ehren, der höchste Grad irdischen Segens war dir bestimmt. Doch weise hast du gesprochen: Unter allen Männern hoffe noch einen guten und gerechten zu finden; aber auf dem ganzen Erdenrund wirst du vergebens nach einem guten Weibe suchen. So sprach der König, der eure Ver= derbtheit kannte. Der Sohn Sirachs bezeugt dies nicht minder. So möge die Rose euern Körper befallen oder irgend eine

---

*) Hier hat Wieland VI, 85 Shakespeares Darstellung der Elfen benutzt. — Er wählt statt eines Morgens im Juni einen Mittag Ende August. — Vorüber steht hier nach älterm Gebrauche, wie gegenüber, wie Herder (Legenden 17, 6) sagt: „Der mir vorübersteht."

andere aufreibende Plage euch zu Grunde richten, wie du jetzt den Lecker in dem Baume und diesen ehrenwerthen Ritter siehst: aber weil er blind und alt ist (ein trauriges Unglück), wird sein Diener ihn vor deinem Angesicht zum Hahnrei machen. Nun bei meiner eigenen hehren (dread) Majestät schwöre ich und bei diesem ehrwürdigen Zepter, das ich führe, nicht lange soll der verruchte Schelm ungestraft bleiben, daß er vor meinen Augen ein solches Verbrechen zu begehn wagt. In diesem Augenblick will ich den Ritter aufklären und sein Gesicht bei frischer That herstellen, die Buhlerin entlarven zur Warnung für solche Damen und für dich und für das ganze treulose Geschlecht, auf daß sie immer getreu bleiben." „Und du willst dies in Wirklichkeit?" erwiederte die Königin. „Nun bei meiner Mutter Seele! beschlossen ist's, es soll ihr in der Noth nicht an einer Antwort fehlen. Für sie und alle ihre Töchter und das ganze weibliche Geschlecht in alle Zukunft will ich es zusagen: die Kunst sollen sie besitzen, eine Schuld zu bemänteln und ihre Verbrechen mit Dreistigkeit sicher zu stellen. Ja ergreift man sie in engster Umarmung, sieht es mit beiden Augen und packt sie auf der Stelle, alle sollen, wo es Noth thut, widersprechen, schwören, zärtlich seufzen und eine empfindsame Thräne vergießen, bis ihre weisen Ehemänner, durch ähnliche Künste gefoppt, sanft, folgsam und zahm wie Gänse werden." Die Feenkönigin setzt dem Zeugnisse des „verleumderischen Juden" Salomo besonders die vielen Märtyrinnen und aus der römischen Geschichte die Beispiele einer Arria, Porcia und Lucretia entgegen, schilt den Salomo einen argen Sünder und Götzenverehrer, will endlich alle nachtheiligen Zeugnisse der Schriftsteller nicht gelten lassen, da sie von Feinden ihres Geschlechts ausgegangen. „Ja, liebe Frau", sprach der König, „sei nicht böse! ich gestehe es ein, aber weil ich geschworen habe, dieser sehr betrogene Ritter solle wieder sehn können, muß es geschehn. Ich bin ein König, und einer, dem sein Wort immer heilig war." „Und so ist es auch bei mir", erwiederte diese; „ich bin Königin: eine Antwort soll sie bereit haben, ich nehme es auf mich. Und so will ich dem ganzen Streit ein Ende machen: versuch es, wenn du Lust dazu hast, und du wirst finden, daß unser Geschlecht nicht sein Wort bricht." Man vergleiche hiermit Wielands kürzere, kräftigere und würdigere Darstellung (VI, 86—90), wo Oberon und Titania, wenn auch leidenschaftlich aufgeregt, doch in einem weniger ungünstigen Licht erscheinen. Er setzt auch den Streit mit Recht später, in die Zeit, wo Rosette bereits auf dem Baume ist.

Der Alte kommt endlich unter beständigen Mahnungen zur Treue mit seiner Gattin zum Birnbaum. Die lüsterne Dame schaute aufwärts und sah ihre Liebe oben zwischen den Aesten sehr hübsch ruhen. Da hielt sie inne, und rief seufzend: „O ihr guten Götter, welch ein Schmerz, welch ein plötzliches Reißen ergreift mir die Seite! O diese reizende Frucht, so frisch, so grün! Hilf mir, bei der Liebe der unsterblichen Himmelskönigin! hilf, theuerster Herr, und rette zugleich das Leben deines Kindes und dein lüsternes Weib!" Wieland läßt nicht Rosetten, sondern Gangolf selbst die Sorge für seine Nachkommenschaft aussprechen, und er benutzt dies auf glückliche Weise (VI, 79 f.), wobei er den besorgten Gatten die Schuld des Uebelbefindens auf das zur damaligen Zeit empfohlene kalte Baden schieben läßt, welches dieser aber seiner jungen Frau am wenigsten gestattet haben dürfte. So ließ er sich hier zu einer launigen Zeitanspielung an unrechter Stelle verleiten. Tief seufzte der Ritter, fährt Pope fort, als er diesen Ruf der Gattin vernahm: allein er selbst konnte nicht klimmen, und kein Diener war in der Nähe. Alt, wie er war, und dazu des Augenlichtes beraubt, was konnte ach! der hülflose Ehemann thun? „Und soll ich denn verschmachten und sterben", sprach sie, „und doch die liebliche Frucht vor meinen Augen sehn? Zum wenigsten, um der Liebe Lust willen! lieber Herr, laßt euch herab, den Baumstamm zwischen eure Arme zu nehmen; dann möchte ich von euerm Rücken hinaufsteigen. Bücke dich bloß, und überlasse mir das übrige." „Von Herzen gern", erwiederte dieser; „mein theuerstes Blut wollte ich opfern, deine Qual zu erleichtern." Sofort stellte er sich, den Rücken gebeugt, gegen den Stamm; sie faßte einen Zweig, und kam auf den Baum.*) Nachdem Pope sich bei den Damen entschuldigt hat, fährt er fort: „Welche Thaten die Dame im Baume vollbracht haben mag, übergehe ich, da Luftsprünge euch unbekannt sind, aber sicher war es eine lustigere Kurzweil, sie schwor es selbst, als sie je vorher in ihrem Leben gehabt hatte." Wieland übergeht die Beschreibung, indem er gerade hier sehr glücklich den Streit zwischen Oberon und Titania einlegt, den Pope nach Chaucers Vorgang oben an einer weniger passenden Stelle bringt.

In diesem köstlichen Augenblicke, heißt es weiter bei Pope, siehe da! erhielt der Ritter zu seiner Verwunderung sein Ge-

---

*) VI, 82, 6 ist das seit der ersten Ausgabe beibehaltene Spangen nicht Druckfehler, sondern mundartliche Form für Spannen, das nur die Ausgaben von 1789 und 1792 haben.

sicht wieder. Den Baum festhaltend, drehte er seine frischen
Augen, wie einer, dessen Gedanken auf seine Gattin gewandt
sind, aber als er sein Herzensweib so umarmt sah, gerieth er
in unaussprechliche Wuth. Keine wahnsinnige Mutter kann
beim Tode ihres Kindes mit lauterm Geschrei die Luft erschüttern;
er schrie, wüthete, tobte, riß sich die Haare aus. „Tod, Hölle
und Furien! was machst du da!" Vgl. Wielands viel glücklichere
Schilderung VI, 90. f. „Was schmerzt euch denn, mein Herr?"
ruft die zitternde Dame.*) „Ich dachte, eure Geduld würde
besser die Probe bestehn. Ist dies deine Liebe, undankbarer,
böser Mann, dies mein Lohn, daß ich dich von der Blindheit
geheilt habe? Wozu lehrte man mich, meinem Ehemann das
Gesicht dadurch wiederzugeben, daß ich mit einem Manne auf
einem Baume zu ringen wagte? Habe ich darum die Macht
der Magie versucht? Unglückliches Weib, dessen Verbrechen zu
große Liebe war!" „Ist dies ein Ringen", spricht jener, „so ist
es, bei diesem heiligen Lichte! ein Ringen auf Mord und Tod.
So möge mir der Himmel das wiedergeschenkte Gesicht bewahren,
wie ich mit meinen eigenen Augen gesehen habe, daß du geschändet wurdest, geschändet von meinem Sklaven, treulose Ver-
brecherin. Mögest du so sicher zur Hölle fahren, wie ich nur
zu gut gesehen habe!" „Behütet mich, ihr guten Engel!" rief
die edle Mai. „Bitte den Himmel, daß diese Magie ihre völlige
Kraft bewähre! Wehe, mein Lieber! es ist gewiß, könntest du
sehn, du würdest nicht solche tödtende Worte gegen mich ge-

---

*) Wieland schiebt hier die lebhaft gereizte Frage Gangolfs treffend ein:
„Du fragst noch, Unverschämte?" wie er kurz vorher (VI, 92) die bei Chaucer und
Pope vermißte Bemerkung hinzufügt, ein unsichtbarer Arm habe den blassen
Buhler mit einem Zauberschleier bedeckt.

braucht haben. So möge mir Gott helfen, wie das kein voll=
kommenes Sehen ist, sondern nur ein schwaches Glimmern von
ungewissem Schein." „Was ich gesagt habe", spricht dieser,
„dabei muß ich bleiben; denn bei den unsterblichen Mächten!
es erschien zu deutlich —." „Bei jenen Mächten! Wahnsinn
hat deinen Geist ergriffen", erwiederte die Dame. „Ist dies
der Dank, den ich finde? Ich Elende, daß ich immer so gut
war." Ein tiefer Seufzer drückte ihr Unglück aus, die bereiten
Thränen begannen zu fließen, und als sie herabliefen, wischte
sie sich die Tropfen von beiden Augen; denn ein Weib kann
weinen, wann es will. Der Ritter ward gerührt, und in seinen
Blicken äußerten sich Zeichen von Reue, da seine Gattin ihn
so sehr liebte. Auch hier verdient Wielands lebhaftere und
knappere Darstellung (VI, 96 f.) in jeder Beziehung den Vor=
zug, nicht weniger bei der unmittelbar darauf folgenden Bitte
Januarys: „Madame, es ist vorbei, und mein kurzer Aerger
vorüber. Komm herab und quäle dein zartes Herz nicht länger!
Vergib mir, Theure, wenn ich etwas Uebles gesprochen haben
sollte; denn bei meiner Seele! ich will dir Genugthuung geben;
laß meine Reue deine Verzeihung mir zu Wege bringen. Ich
schwöre, ich habe gesehen, was ich nur gedacht."

Die sich unmittelbar anschließende Nutzanwendung der
schönen Mai, die ihren Sieg wohl zu benutzen versteht, so wie
die durch Umarmungen und Küsse besiegelte Versöhnung hat
Wieland mit gutem Fug weggelassen, dagegen die hierauf er=
folgende Scheidung Oberons von Titanien (VI, 98—103) selb=
ständig hinzugefügt, da bei Pope die Erzählung nach jener Um=
armungsszene mit einer Anrede an die Ehemänner schließt, bei
Chaucer noch kürzer in gewohnter Weise mit den Worten ab=

bricht: „So endet hier meine Erzählung von Januarn. Gott segne uns und seine Mutter, die heilige Maria!" Oberon wird durch den Schutz, den seine Gattin der Treulosen gewährt hat, und durch die Unverschämtheit, womit diese ihren betrogenen Gemahl foppt, so erbittert, daß er das ganze weibliche Geschlecht für treulos erklärt, und sich von Titanien auf immer scheidet; nur dann, wenn ein liebendes Paar durch die unerschütterlichste Treue den höchsten Sieg reiner Liebe errungen, was er nicht hofft, schwört er sie wiedersehn zu wollen, da nur dann das weibliche Geschlecht von dem Schandfleck gesühnt sei, den der heutige Tag vor seinen Augen ihm angeheftet. Bei unserm Dichter findet sich die Erzählung in jeder Weise veredelt, wie wir dieses schon bisher an einigen Stellen bemerkten; doch zeigt sich diese Veredlung besonders in folgenden beiden Punkten. Rosette ist ihrem alten Eheherrn längere Zeit musterhaft treu und leistet Walters Bewerbungen allen Widerstand; erst als der Alte erblindet ist und sie mit seiner tollen Eifersucht auf das entsetzlichste plagt, beschleicht sie die böse Lust, welche sie bald, da sie immer größern Ekel gegen ihn empfindet, mit mächtigsten Banden umstrickt. Zweitens schreibt Wielands Titania diese Trugkunst nicht als Erbtheil allen Frauen zu, sondern der jähe Widerspruch und Aerger über Oberons Anklage ihres ganzen Geschlechts reißt sie leidenschaftlich hin, die Entlarvung der Schuldigen zu nichte zu machen. So nimmt er der Geschichte die bittere Schärfe gegen das ganze Frauengeschlecht, und stellt sie nur als Beispiel der leichten Verführbarkeit einer jungen Frau dar, die von einem alten Eheherrn, der sie sich unklug zugelegt hat, eifersüchtig bewacht und von jeder Verbindung mit der Welt ausgeschlossen, dadurch aber gerade nach

II. Stoff.

dem verbotenen Genusse lüstern gemacht wird. Titania hebt VI, 89 Gangolfs Schuld hervor. Auch Oberons scharfe Verdammung des weiblichen Geschlechts VI, 99 f. 100 ist nur ein Ausfluß seiner bitter aufgeregten Leidenschaft, wie denn der Weheruf über jeden Mann, der sich in Zukunft vom Glauben an Liebestreue und von Weiberlist bethören lasse, ganz stumpf ausläuft. Stanze 100, die man sonst sehr gern als überflüssig ausscheiden würde, findet gerade in dieser fiebernden Leidenschaftlichkeit ihre Erklärung, die auch aus dem stark aufgetragenen Vergleich mit dem „taumelnden, lusttrunkenen Auerhahn" spricht.*)

---

*) Der sonst scheue Auerhahn befindet sich in der Brunstzeit, wo er den eigenthümlichen Ton des Balzens hören läßt, in einem so aufgeregten Zustand, daß er den heranschleichenden Jäger nicht gewahrt.

III. Plan und Entwicklung.

Wieland setzt schon in der Vorrede von 1784 die eigenthümliche Schönheit des Planes und der Anordnung seines Oberon in die Art, wie er die eben ausführlich nach Pope beschriebene Erzählung von dem Streit zwischen dem König und der Königin der Elfen in die Geschichte von Hüon und Rezia verwebt habe, und er setzt ein besonderes Verdienst darein, daß er die drei Haupthandlungen, aus welchen sein Gedicht zusammengesetzt sei — er nennt als solche das vom Kaiser dem Hüon auferlegte Abenteuer, die Geschichte seiner Liebesverbindung mit Rezien und die Wiederaussöhnung der Titania mit Oberon — dergestalt in einen Hauptknoten verschlungen habe, daß keine ohne die andere bestehn könne. Ohne Oberons Beistand, bemerkt er, würde Hüon Kaiser Karls Auftrag unmöglich haben ausführen können; ohne seine Liebe zu Rezien und ohne die Hoffnung, welche Oberon auf die Treue und Standhaftigkeit der beiden Liebenden als Werkzeuge seiner eigenen Wiedervereinigung mit Titanien gründe, würde dieser Geisterfürst keine Ursache gehabt haben, einen so innigen Antheil an ihren Schicksalen zu nehmen. Allein während er das ihm eigenthümliche Verdienst einer besondern, durch die schöne Verwebung

III. Plan und Entwicklung.

herbeigeführten Einheit hervorheben will*), übersieht er den eigentlichen Plan, der ihn bei seinem Gedichte geleitet hatte; das Ganze schwebte ihm damals nicht mehr klar vor, wenn er auch im einzelnen noch immer am Oberon gebessert hatte. Keineswegs ist es die Hoffnung, in Hüon und Rezien ein so treues Paar zu finden, welche den Elfenkönig bestimmt, sich Hüons anzunehmen, vielmehr hat dieser unsern Ritter von Kindheit an geliebt, weil sein Edelmuth ihn anzog, aus Liebe zu ihm hat er ihm das höchste Glück bestimmt (II, 40), und er ist weit entfernt, ihm harte Prüfungen auflegen zu wollen, wie gewiß er auch glaubt, daß Hüon mit Muth und Selbstvertrauen das Schlimmste überstehn wird. Da der Kaiser seine Begnadigung an ein böses Abenteuer geknüpft hat, worin er ohne höhern Beistand unterliegen müßte, so bietet Oberon ihm hierzu seine Hülfe bereitwilligst an; zunächst gibt er ihm den Becher und das Zauberhorn, von denen das letztere ihn selbst in bringendster Noth herauf rufen soll. Nur eines fürchtet er, daß der tapfere und edle Ritter in einem unbewachten Augen-

---

*) Er nimmt nur eine „Art von Einheit" für das Gedicht in Anspruch, aber die wahre Einheit liegt in Hüons edler Ritterlichkeit und sittlicher Kraft, die unter Oberons Beistand Karls grausamer, jedes Recht verletzender Verfolgung glücklich entgeht. Sonderbar meint Koch (S. 2), die Einheit bestehe darin, daß die Erlösung der liebenden Menschen auch eine Erlösung der liebenden Geister, das Schicksal Hüons und Reziens auch das von Oberon und Titania sei. Oberons Unglaube wird durch das liebende Paar widerlegt und dadurch die Wiederversöhnung mit Titanien erwirkt, wogegen Hüon und Rezia ihre Schuld durch unerschütterliche Liebestreue sühnen und sich eben dadurch Oberons Gnade wiedergewinnen. Daß gerade Hüon und Rezia das Paar sind, das die Wiederversöhnung erwirkt, ist ein wunderbares Zusammentreffen, das die romantische Anziehung des Gedichtes hebt, aber nicht seine Einheit begründet, die unmöglich auf zwei parallel laufenden Handlungen beruhen kann.

blick einmal der allgemeinen menschlichen Schwäche seinen Zoll
entrichten werde, ein Gedanke, der, wie sehr er diesem auch
sonst vertrauen mag, Oberons Herzen bange Sorge macht, so
daß im Augenblick, wo er von ihm scheidet, ein paar Thränen
seinem Auge sich entringen. Wenn im altfranzösischen Roman
Oberon starkes Mißtrauen in des Ritters Standhaftigkeit setzt,
ein Mißtrauen, das die That nur zu sehr bewährt, so ist es
bei Wieland der bloße Gedanke an die auch nur entfernte
Möglichkeit einer Schwäche, der das Herz des Feenkönigs mit
so liebevoller Rührung bewegt. Ein unverhofftes Glück, wodurch
ihm nicht allein die Erfüllung der jedes Maß überschreitenden,
bloß sein Verderben bezweckenden Forderungen Karls erleichtert
wird, sondern er weit mehr zu leisten im Stande ist, bereitet
ihm Oberon in der Liebe der Tochter des Khalifen, die er nach
Karls Vorschrift dreimal öffentlich als Braut küssen soll. Und
hier bedient sich Oberon eines Traumes, wie auch in Shakespeares
Sommernachtstraum der Liebeszauber, freilich durch den
Saft einer besondern Blume, im Schlaf geschieht. Nicht allein
läßt er Rezien Hüons Bild im Traum erscheinen, so daß diese
von sehnsüchtigster Liebe ergriffen wird, sondern auch Hüon
selbst empfindet im Traume zuerst der Liebe Macht, da ein
göttergleiches Weib ihm erscheint, in dessen Augen sich ihm ein
reicher Himmel erschließt, an deren Brust er des Lebens seligste
Wonne empfindet, die seines Herzens Ruhe ihm auf ewig raubt
— und das reizende Bild, das des Traumes Spiegel auf immer
in sein Herz gestrahlt, soll er in des Khalifen Tochter wieder
finden, so daß die Erfüllung des verderblichen Auftrages, den
des Kaisers Rachsucht ihm gegeben, seines Lebens Glück zu
gründen bestimmt ist. Hüon selbst vermuthet, Oberon habe

ihm das Traumbild gesandt, ja auch der ungläubige Scheras=
min meint, sie würden wohl die Dame, welche dem edlen Ritter
sein Herz entrissen, in Bagdad wiederfinden — ein Gedanke,
der blitzgleich in Hüons Seele fällt und ihn zu frischem Muthe
befeuert. Auf wunderbare Weise trifft Hüon in Bagdad, bei
dessen erstem Anblick ihm eine geheime Stimme sagt, hier werde
er die Geliebte finden, gerade auf die Mutter von Reziens
Amme, in deren Hause sie ein bescheidenes Unterkommen finden.
Hier erfährt er denn von Reziens Traum, in welchem ihr ein
schöner Zwerg erschienen mit einem engelgleichen fremden Ritter
von blauen Augen und langem gelben Haare, dessen Bild seit
jenem Augenblick Tag und Nacht vor ihrer Seele schwebe und
ihr den Bräutigam, mit welchem der nächste Tag sie verbinden
solle, verhaßt gemacht; zugleich lernt er in diesem Bräutigam
den feigen Sarazenen kennen, der den Christengott gelästert
und ihm seine Rettung so schnöde gelohnt hat. Hier muß
Hüon denn die vollste Zuversicht und den mächtig erhebenden
Glauben gewinnen, daß eine höhere Hand sein Geschick auf
wundervoll verschlungenen Wegen leite; er erkennt, daß Karl,
während er ihn seiner Rache zum Opfer zu weihen gedenkt,
unbewußt den Willen des Geschicks vollziehe, das ihm gerade
zu Bagdad in der Tochter des Khalifen die ersehnte Geliebte
zuführe, die allein sein Herz zu erfüllen vermöge. Den ent=
schiedensten Gegensatz zu seinem Todfeinde, dem mächtigen Kaiser,
erkennt er im schönen Zwerge, der mit seinem Lilienstab ihn
berührt und ihn im Traume zur Quelle seines Glückes hin=
geleitet habe (IV, 59); daß gerade die Tochter des Sultans, zu
dem er hingesandt ist, die Geliebte seines Herzens werden sollte,
dünkt ihm ein Knoten, den das Schicksal selbst gewunden (IV, 60),

Hüons und Reziens Traumgesichter.

und diesem überläßt er sich getrost, wenn auch die nahe Entscheidung ihn mit gespannter Unruhe erfassen muß. Scherasmins Vorschlag, das halsbrecherische Abenteuer aufzugeben und sich mit der Entführung Reziens zu begnügen, weist Hüon mit verachtendem Stolze zurück, der sich auch in der eine gewisse Entfremdung andeutenden Anrede „Herr Scherasmin" und dem dazu gehörenden „Ihr" kund gibt.*) Wie Hüons, so wird auch Reziens Seele zu frischem Muthe belebt, da die Alte ihr die Nachricht von der Ankunft ihres im Traum erschauten Ritters bringt**); daß dieser wirklich gekommen sei und ihr Schicksal sich glücklich wenden werde, dieser Glaube steht bei ihr unerschütterlich fest, und so läßt sie sich gern zum heutigen festlichen Tage, vor dem ihr gestern noch gegraut hatte, von

---

*) Hüon braucht dem Scherasmin gegenüber nur das vertrauliche D u, während dieser seinen Herrn immer mit dem würdigen Ihr anredet. Rezia und Fatme duzen sich gegenseitig. Ihr steht im Oberon meistentheils bei der Anrede des höhern oder des gleich edel geborenen Ritters, und wenn Hüon den Kaiser Karl Du anredet, so spricht sich hierin das edle Selbstgefühl des geborenen Pärs aus, während der feige Amory zwischen Du und Ihr schwankt. Noch weniger kann es auffallen, daß Hüon als Gesandter des Kaisers dem Sultan nur das Du gibt. Auch Hüon wird als Lehnsmann vom Kaiser geduzt. Das Sie ist von der epischen Dichtung ausgeschlossen.

**) In der ursprünglich arabisch geschriebenen Liebesgeschichte zwischen Joseph und Zélida, von welcher die Bibliothèque des Romans im Junibande 1778 einen Auszug brachte, sehen sich auf ganz ähnliche Weise Joseph und Zélida im Traume. Die Art, wie Joseph und Zélida zusammenkommen, ist freilich durchaus verschieden, aber auch dort macht eine Amme die Vermittlerin. Ueber die schon von Bodmer 1753 behandelte Sage (das Gedicht war Wieland bekannt) von Joseph (Jussuf) und Zélida (Zulita, Suleika) vgl. die Erläuterungen zu Goethes Divan III, 1 (S. 245). Eine ähnliche durch den Traum vermittelte Liebe findet sich in „tausend und einer Nacht" in der Geschichte des Prinzen Kamaralzaman und der Prinzessin Baboure.

ihren Jungfrauen aufschmücken, welche das aus ihren Augen strahlende Feuer, ihre drängende Ungeduld und das „lauschende", still sinnende Verlangen, das ihre Lippen in sehnsüchtiger Lust schwellt und ihre Wangen glühend röthet, mit Bewunderung erfüllen müssen. In allem erkennt man Oberons glückliche Leitung, der den unruhig auf seinem Lager sich hin- und herwälzenden Hüon am Morgen durch einen „Dunst von Mohn- und Flieder- und Lilienduft" (V, 23)*) in Schlaf versenkt. Von einer Aussicht des Feenkönigs, durch dieses Liebespaar werde sich der Fluch lösen, der ihn von Titanien trennt, ist keine Rede; er sinnt nur darauf, den von Kindheit an geliebten Ritter wahrhaft zu beglücken, nichts liegt ihm ferner als ihn durch eine Schule von selbstverschuldeten Leiden zu führen, ihn die Feuerprobe des Unglücks bestehn zu lassen. Eine Schönheit von Wielands Plan, den der Dichter selbst später nicht mehr durchschaute, liegt gerade darin, daß das von Oberon beschützte und gesegnete Liebespaar ganz unerwartet die von diesem einst in bitterm Zorne ausgesprochene Bedingung seiner Wiedervereinigung mit Titanien erfüllt; auf eine solche hinzuarbeiten und nur deshalb die reine Liebe zu beschützen, widerspricht ganz Oberons edler, uneigennütziger, überall das Gute mit innigem Antheil fördernder Natur.

---

*) Neben dem schlafbringenden Mohn und Flieder nennt Wieland die Lilie, deren Duft sich mit jenen vereinigt, weil die Lilie, das Zeichen der Reinheit, von Oberon besonders geliebt wird; seine Ankunft ist von Lilienduft begleitet, einen Lilienstengel, den die neuere Bühnendarstellung auch auf Shakespeares Sommernachtstraum übertragen hat, führt er als Zepter. Der Lilienstengel wird als Zeichen reinen Sinnes in der bildenden Kunst vielfach verwandt. So findet er sich zwischen Marien und Joseph, was Goethe in den Wanderjahren (I, 2) benutzt hat.

Hüons Abenteuer vor Bagdad und am Hofe.

Noch ehe Oberon Hüon seine Hülfe verheißen, bewährt dieser seine Ritterlichkeit im Kampfe mit den wegelagernden Arabern und seinen allen Schrecken trotzenden Muth im Gegensatze zu Scherasmins besorgter Angst. Aber auch jetzt darf er nicht ohne weitere Abenteuer nach der Khalifenstadt gelangen, er muß auch im Besitze von Oberons Horn seine Tapferkeit und seinen Edelmuth als Ritter ohne Furcht und Tadel und als Beschützer der Frauen gegen den in schönen Gegensatz zu ihm tretenden Ritter vom Libanon und gegen den furchtbaren Riesen zeigen, dessen Harem ihn ganz ungerührt läßt. Vortrefflich hat Wieland beide Kämpfe miteinander in Verbindung gesetzt, das Abenteuer bei seinem ungläubigen Oheim zu Tourmont bei Seite gelassen (nur einzelne Züge davon benutzt er) und Oberons Warnung vor dem Kampfe mit dem Riesen aufgegeben. Gleichsam zum Lohne des heldenhaften und enthaltsamen Ritters führt Oberon ihm Rezia im Traume vor und läßt diese in Liebe zu dem ihr schon früher gleichfalls im Traume gezeigten Hüon entbrennen.

Ein glücklicher Zufall bringt ihn mit dem Bräutigam Reziens zusammen, den er von dem Löwen befreit. Der feige Schurke, der sich durch Oberons Becher als Schelm verrathen und nach dieser verdienten Bestrafung den Christengott gelästert hat (dies sollte bestimmter IV, 28 hervortreten), flieht vor Hüons Schwert auf dessen eigenem Rosse. Gerade diesen findet er dann zu Bagdad an der Seite des Khalifen als Reziens Bräutigam. Durch dessen Ermordung erfüllt er in glücklichem Zusammentreffen nicht allein Karls an sich ungerechten Befehl, sondern übt auch ein gutes Werk, und durch Vollziehung des zweiten aller Ritterzucht widerstrebenden halsbrechenden Befehls, dessen Erfüllung

ihm durch den von Oberon gesandten Traum zur Herzens=
sache geworden, begründet er das Glück seines Lebens. Er er=
wirbt sich die Geliebte durch seine tapfere und edle Ritterlichkeit,
wie Rezia durch die kühne Entschlossenheit, womit sie ihre vom
Schicksal bestimmte Liebe offen bekennt und sich, um des Vaters
und des Geliebten Leben zu retten, zwischen die gezückten
Schwerter wirft, des edlen Ritters vollkommen würdig zeigt.
Mit ihm ist sie bereit sofort zu fliehen, was auch der nichts weniger
als ritterliche Scherasmin verlangt, und sie geräth in ärgste
Herzensnoth, als sie vernimmt, daß noch das Schwerste zu thun
übrig bleibt, da sie für ihren Geliebten und die Erfüllung
ihres sehnsüchtigen Wunsches des innigsten Zusammenlebens mit
diesem alles fürchten muß. Noch hat er den Auftrag Karls
nicht ganz erfüllt, er muß den Sultan um vier seiner Backzähne
und eine Hand voll Haare aus seinem Barte bitten, was er
mit möglichster Schonung und Ehrerbietung thut.*) Allein
da Hüon wohl erkennt, daß mit einer solchen, den Sultan
fürchterlich aufregenden Forderung nichts gewonnen sei, und
er den Vater der Geliebten nicht gern also schmähen, sondern
friedlich von ihm scheiden möchte, so erlaubt er sich, an die
Stelle dieser Forderung eine andere, keineswegs entehrende, ja
seinen wahrhaften Vortheil, sein Seelenheil bezweckende zu setzen,
die Annahme des christlichen Glaubens, überzeugt**), daß der

---
*) Daraus erklärt sich auch, daß Hüon von des Sultans „Silberbart"
spricht (V, 56), während Karl (I, 67) seinen „grauen Bart" genannt hatte.
**) Daß nach dem bösen Willen Karls nicht zu erwarten stand, er werde
diese Veränderung seines Auftrages, wie edel und kühn sie auch immer war, gut=
heißen, durfte der Dichter hier außer Acht lassen, da kaum jemand bei dieser
unerwarteten Wendung ein solches Bedenken aufstoßen wird.

Kaiser sich dadurch gewiß viel befriedigter finden werde als durch das, was er nur in leidenschaftlichem Zorn verlangt habe. Hatten die beiden ersten Aufträge Karls, so wunderlich sie auch auf den ersten Anblick schienen, plötzlich eine höhere Bedeutung gewonnen, waren zu Pflicht und Recht geworden, so zeigten sich dagegen die an den Sultan zu stellenden Forderungen als ein bloße Schmähung bezweckendes Unrecht, das Hüon um so weniger zu erzwingen sich entschließen konnte, als er der Tochter Herz dadurch zu verletzen fürchten mußte; wie verdienstlich war es dagegen, den Sultan dem christlichen Glauben zu gewinnen! Rezia wird durch diese Wendung, worin sie Hüons innigste Liebe nicht verkennen kann, noch herzlicher zum edlen Ritter hingezogen, allein nur zu bald muß sie bemerken, in welche Gefahr dieser sich gerade hierdurch gestürzt, da eine solche Zumuthung, den Glauben abzuschwören, den Sultan und alle die Seinen noch gewaltiger aufregt: hatte die unverschämte Forderung diesen wüthend entflammt, so macht eine solche Gotteslästerung ihn rasend, so daß er nicht weiß, auf welche Weise er seinen Abscheu gegen Mahomets Feind äußern soll. Zwar übt Hüon, der bei seiner mit sanftem Ton, aber unerschütterlichem Muthe dem Sultan vorgetragenen Bitte das Schwert abgelegt hatte, mit der einem der Männer entrissenen Stange Wunder der Tapferkeit, so daß der gute Scherasmin seinen alten Herrn Sigewin im Kampfe vor sich zu sehn glaubt, allein wie vermöchte er den von allen Seiten eindringenden Feinden Stand zu halten? Rezien's Angst um den in höchster Gefahr schwebenden Geliebten läßt sie einen gewaltigen Schrei ausstoßen. Noch zur rechten Zeit bläst Scherasmin in das Horn, worauf Oberon seine Macht bewährt; Hüon hatte diesen nicht, wie im Romane,

III. Plan und Entwicklung.

durch sein Verleugnen des christlichen Glaubens von sich ab=
gewandt, vielmehr hatte er sich als muthiger Bekenner, ja kühner
Ausbreiter desselben erwiesen. Nachdem alle Sarazenen nieder=
geschmettert sind, erscheint dieser selbst auf einem Wölkchen,
während ein liebliches Gesäusel den Sal mit frischem Lilien=
duft erfüllt. Die Verbindung der Liebenden bestätigt er mit
dem gegen sie gesenkten Lilienstengel, nachdem Rezia*) auf
seine ernste Vorstellung durch eine von einem Thränengusse
begleitete Umarmung ihre Bereitwilligkeit erklärt hat, ihrem
Hüon, wohin es auch sein möge, zu folgen. Die Thräne,
welche aus Oberons Auge auf die Stirn des holden, sich warm
umschlungen haltenden Paares fällt, ist eine Thräne innigster
Theilnahme an ihrem Glücke, während er im Roman weint,
weil er Hüons Fall fürchtet. Oberon, der noch immer keine
Ahnung hat, daß Hüon und Rezia seine Wiedervereinigung
mit Titanien zu erwirken bestimmt seien, schafft die Liebenden
auf seinem Schwanenwagen nach Askalon, nachdem ersterer
die Geliebte, deren Blicke kummervoll auf den wie im Todes=
schlaf erstarrten Vater gerichtet geblieben, mit zärtlicher Gewalt
weggerissen und die Stufen des Palastes hinabgetragen hat.
In Askalon trifft der Feenkönig wieder mit den Geliebten zu=
sammen. Hier übergibt er dem Hüon ein Kästchen mit den Bart=

---

*) Sehr schön ist es, daß die plötzliche Wundererscheinung ihr Herz, das sich
Hüon ganz zugewandt hatte, zuerst mit einem heimlichen Grauen erfüllt (V, 69),
da sie in Oberon, der zu ihrem Schmerze auch ihren Vater wie leblos hingestreckt
hat, eine höhere Macht ahnt, weßhalb sie verehrungsvoll (zu der Kreuzung der
Arme über der Brust vgl. V, 33) wie neben einem erhabenern Wesen zur Seite
steht, allein ihr glühendes, schamvoll gesenktes Antlitz verräth, daß sie ihre Liebe
nicht zu bekämpfen vermag, daß diese ihr Herz auf ewig bezwungen.

Hüon flieht mit Rezien.

haaren und den vier Zähnen des Sultans, dessen Inhalt er, um Reziens kindliches Gefühl zu schonen*), nicht näher bezeichnet; hat der Kaiser den Hüon auch nicht ausdrücklich verpflichtet, ihm diese Pfänder zu bringen, (schon die Kühnheit der Forderung reichte hin), so gibt sie ihm Oberon doch, damit sie bei diesem zum Beweise dienen sollen, daß er wirklich diese Forderung, wie Karl verlangt, an ihn gestellt. Weshalb Hüon nicht auf jener Forderung bestanden, haben wir oben gesehen, und wir fanden jenen schon im altfranzösischen Ritterbuch gegründeten, von Wielands trefflich benutzten Verzicht durchaus an der Stelle. Wenn Goethe gegen Eckermann bemerkte, das Fundament von Wielands Oberon sei schwach, der Plan vor der Ausführung nicht gehörig gegründet worden, wenn es diesem gar nicht wohl erfunden schien, daß zur Herbeischaffung der Barthaare und Backzähne ein Geist benutzt werde, wobei der Held sich ganz unthätig verhalte, so ist dieser Tadel ein durchaus unbefugter, dessen Möglichkeit sich bloß daraus erklärt, daß Goethe sich des Gedichtes nicht mehr ganz genau erinnerte; gerade im Plane des Oberon läßt sich die verständigste, mit weisester Einsicht berechnete Anordnung bei eingehender Untersuchung am wenigsten verkennen.

Als aber Oberon zu Askalon sich vor der Einschiffung von Hüon und Rezien trennt, muß er ihnen die strenge Verpflichtung auflegen, sich der ehelichen Freuden zu enthalten, bis der Papst**) ihre Verbindung bestätigt habe; weshalb gerade

---

*) Eine gleiche Schonung kann Hüon selbst später (VII, 3. XII, 92) nicht üben, wo sie aber auch weniger nöthig scheint, da dieser nur dem Winke des Schicksals folgt und sich nicht selbst durch Gewalt jene Pfänder verschafft hat.

**) Der Papst Silvester verdankt bloß dem Reime seinen Ursprung, da die

der Papst die Ehe einsegnen müsse, wird nicht angegeben, wie wünschenswerth dies auch gewesen wäre. Wieland erkannte wohl, daß hier die Sage einen sehr schwanken Boden habe, und es schien ihm zweckmäßiger, darüber so leicht als möglich hinwegzugehn als durch eine ungenügende Begründung auf die unleugbare Schwäche den Blick hinzuwenden; indessen möchte doch die Andeutung nicht unpassend gewesen sein, daß Reziens Aufnahme in den Bund der Kirche nur durch den Papst vollkommen geschehn könne, und daß hiervon die Schließung der Ehe abhängig sei. Auch könnte es fast scheinen, daß der Papst hierbei besser aus dem Spiele geblieben wäre, wie er denn auch später in Wirklichkeit ganz unbetheiligt bleibt, ja daß die Ehe richtiger von der Bewilligung des Kaisers abhängig gemacht worden wäre, aber die Nothwendigkeit der Erlaubniß des Papstes ist hier weit wirksamer. Oberon selbst fühlt tief, welche schwere Entsagung er mit dieser Bedingung, von der er seine weitere Hülfe abhängig machen muß, dem geliebten Paar auferlegt, und da er sich der menschlichen Schwäche erinnert, so kann er nur mit stillem Kummer und schwerer Besorgniß sie verlassen; die ganze Natur scheint seinen Schmerz mitzuempfinden, der sich gleich einem dumpfen Nebel verbreitet, wie seine freundliche Ankunft mit einem Lilienduste die ganze Luft erfüllt. Eine traurige Ahnung des kommenden Unglücks beschleicht ihn, ohne daß er dessen nothwendiges Eintreffen voraussähe, viel weniger hegt er die Hoffnung, das Unheil, in welches die Schuld das

---

beiden ersten Päpste dieses Namens dem vierten und zehnten bis elften Jahrhundert angehören, doch ist ein solcher geschichtlicher Verstoß in einem romantischen Epos nicht besonders anstößig, das unbedenklich Babylon und Bagdad für dieselbe Stadt nimmt und die Sultanstochter zu einer Perserin (V, 69) macht.

holde Liebespaar stürze, werde für ihn heilvoll werden, seine
Wiedervereinigung mit Titanien herbeiführen. Nur aus Liebe
zu Hüons Edelmuth steht er ihm bei, und er macht jedes Element
ihm dienstbar (VII, 1).
Hüon sucht „das schwerste Abenteuer der Tugend" helden-
mäßig zu bestehn. Auch hält er am Anfange wacker aus.
Aber kaum hat er die Geliebte, so gut es ihm möglich war,
ins Christenthum eingeweiht und sie durch die Taufe*) und
einen christlichen, seine Liebe zu ihr andeutenden Namen (Amanda,
die Liebwerthe)**) sich noch näher gebracht, als sein guter Geist
von ihm gewichen scheint, die Liebe ihn unwiderstehlich hinreißt.
Auch Rezia fühlt sich ganz ihm hingegeben; die letzte Schranke
zwischen ihnen schien gefallen. Scherasmin und seine Fatme
wenden alle Mittel an, die gefürchtete Uebertretung des strengen
Verbotes zu hindern. Mit gutem Bedacht hat der Dichter
gerade hier, wo die Trennung Oberons von Titanien wichtig
zu werden beginnt, diese in einer nur zu märchenhafter Unterhaltung bestimmten Erzählung Scherasmins uns vorzuführen
gewußt. Daß die Erzählung in Reziens Gegenwart etwas
anstößig ist, verzeihen wir dem nicht seinen Geschmack des treuen
Alten, wie es auch ganz seiner beschränkten Gutmüthigkeit ge-

---

*) Der Dichter kann hier den schalkhaften Zug nicht unterdrücken, daß der
Mönch die Taufe nur gegen die Stolgebühren, die geistlichen Sporteln, übernimmt.
**) Auf die Bedeutung des Namens weist Wieland VI, 31, 5—8 hin. Viel-
leicht schwebte ihm hierbei der bekannte Schäferroman des siebzehnten Jahrhunderts
von Amäna (die Liebliche) und Amandus vor. Im folgenden wechselt Wieland
nach Bedürfniß mit den Namen Rezia und Amanda. Wo der Reim es fordert,
setzt er Amande, das aber VI, 31. VII, 70. IX, 29. XI, 25 ganz unberechtigt
scheint. Vgl. oben S. 55.

III. Plan und Entwicklung.

mäß ist, daß er die Folgen derselben nicht ahnt. Auf die glückliche Verwebung derselben mit der Geschichte von Hüon und Rezien durfte sich Wieland mit Recht etwas einbilden, nur hätte er nicht VI, 35 die Bemerkung einfügen sollen, daß diese etwas mehr als ein Märchen sei.*) Daß Oberon sich wirklich in dieser Weise von Titanien getrennt, würden wir später noch frühzeitig genug erfahren, auch das Absichtliche dieser Einfügung sich noch mehr als jetzt dem Blicke des Lesers entziehen, wenn es hier nur als ein Märchen vorgeführt würde oder als eine Geschichte, die der leichtgläubige Scherasmin sich hat aufheften lassen. Uebrigens ahnt der Leser hier eben so wenig als Oberon, daß unser Liebespaar die von diesem als Bedingung seiner Wiedervereinigung mit der Feenkönigin ausgesprochene Probe bestehn solle; nur die drei Schlußverse von Strophe 105 möchte man anders gewandt und jede leichtfertige Hindeutung auf die schweren Proben, welche Oberon von dem erwünschten Paar fordert, vermieden sehn. Die Bedingung, woran Oberon die Lösung des Fluches bindet**), ist eine solche,

---

*) Scherasmin will das Märchen von einem Kalender in der reichen Handelsstadt Basra (Bassora) am persischen Meerbusen vernommen haben. Die aus „tausend und einer Nacht", auch aus Wielands „goldenem Spiegel" bekannten Kalender (der Name bedeutet reines Gold) sind eine Abart der Derwische, die das Land durchstreifen, und durch Erzählungen und allerlei Possen sich reichlichen Unterhalt zu verschaffen wissen. Die Angabe, wie Scherasmin zur Kenntniß des Märchens gekommen, hätte man dem Dichter gern erlassen.

**) Der furchtbare, den Geistern selbst unnennbare Name, bei dem Oberon schwört, ist wohl, obgleich dieser ein christgläubiger Geist, nicht auf eine christliche Macht, auf Christus selbst oder die Dreinigkeit, sondern auf den Oberherrn der Geister zu beziehen, und wenn dies mit jener christlichen Vorstellung in Widerspruch zu stehn scheint, so erinnere man sich, daß es Scherasmin ist, der ein von einem Kalender vernommenes Märchen berichtet, womit man es eben so wenig

Der Warner Scherasmin wird entfernt.

deren Möglichkeit er in diesem Augenblicke nicht erwartet, noch weniger später; daß diese aber gerade in jeder Beziehung bei Hüon und Rezia zutreffen soll, ist einer der wunderlichen „Knoten" des Schicksals. Die „Keuschheit" und „schuldlose Reinheit" dieses Paares denkt sich Oberon offenbar nur im Gegensatz zur ehelichen Untreue, durch welche sich Rosette vergangen hat. Strophe 102 ist eine in leidenschaftlicher Aufregung hinzugefügte steigernde Ausführung der drei letzten Verse der vorhergehenden Strophe, wie wir ein ähnliches Verhältniß oben in Strophe 99 f. bemerkten.

Hüon entledigt sich zu Lepanto des als Warner ihm lästig gewordenen Scherasmin unter einem nichtigen Vorwand*), aber kaum hat er diesen von sich entfernt, als er es bereut, da er seine Schwäche fühlt, den Reizen der Liebe zu widerstehn. Vergebens gibt er sich das Wort, den Kampf der Liebe und Pflicht ehrenvoll durchzukämpfen, vergebens will auch Rezia sich zurückhalten. In einer Nacht, wo Hüons tiefe Seufzer

---

genau nehmen darf als mit dem, was er über Oberons späteres Auftreten VI, 104 (vgl. II, 11) erzählt. Faust beschwört den Mephistopheles bei dem „nie entsprossnen, unausgesprochenen, durch alle Himmel gegossenen, freventlich durchstochenen Namen" (Jesus) und droht zuletzt mit dem stärksten bei dem „dreimal glühenden Licht (der Dreieinigkeit)". Man könnte allenfalls an den Namen Gottes denken, der unaussprechlich ist (Klopstocks Messias I, 246—251).

*) Es kann auffallen, daß Wieland seinen treuen Scherasmin sich VII, 6 nicht von Fatmen verabschieden läßt, und eine so erwünschte Gelegenheit zu einer launigen Darstellung nicht benutzt, allein hier galt es, die Bedeutsamkeit des entscheidenden, Scherasmins tiefstes Herz aufregenden Augenblicks durch keine nebensächliche Ausführung zu stören, und so bediente Wieland sich denn des Rechtes des epischen Dichters, manches mit Stillschweigen zu übergehn, was den Haupteindruck schwächen würde.

die nur durch eine dünne Wand von ihm getrennte, gleichfalls schlaflose Rezia mit ängstlicher Sorge ergreifen, eilt die Geliebte zu ihm; sie ist zu reizend, zu liebevoll, zu innig hingegeben: zwar hält Oberons Wort die ersten glühenden Aufregungen in ihren grausamen Schranken, aber die wilde Gier, die ihn nun verzweiflungsvoll ergreift, löst Reziens Herz und Brust in Thränen auf, sie stürzt auf des Geliebten Lager hin, und in leidenschaftlichem Selbstvergessen bricht Hüon das Oberon und sich selbst gegebene, so lange in bitterm Kampfe gehaltene Versprechen. In finsterm Grimm rauscht der Feenkönig an ihnen vorüber, er muß sie dem Schicksal überlassen, das der Schuld die Strafe unmittelbar auf dem Fuße folgen läßt: er selbst ist hier nur der Vollstrecker des hoch über ihm seinen Gang wandelnden Schicksals, dessen gerechte Entscheidung er diesmal mit tiefstem Schmerz über Hüons Wortbruch anerkennen muß. Ein schrecklicher Sturm erfaßt das Schiff*); die Liebenden erkennen ihr Verbrechen und Oberons unerbittlichen Zorn, der ihnen auch Becher und Horn raubt. Der Hauptmann des Schiffes ahnt, daß dieser Sturm die Folge göttlicher Rache an einem unter ihnen weilenden Verbrecher sei; das Loos soll als Gottesgericht diesen, dessen Tod den Zorn des Himmels versöhne, ihnen entdecken**): es trifft auf Hüon, der sich selbst

---

*) Wieland nennt das Schiff außer diesem allgemeinen Ausdrucke bald Barke bald Pinke bald Pinasse, obgleich dies eigentlich verschiedene Schiffsarten sind. Nach Adelung, dem Wieland wohl folgte, ist die Pinke eine Art schneller (dreimastiger) Lastschiffe mit flachem, hohem Hintertheil, wogegen die dreimastige (vielmehr zweimastige) Pinasse, die sich sowohl der Segel als der Ruder bedient, ein viereckiges Hintertheil hat. Die Barke ist ein dreimastiges Kauffarteischiff mit plattem Verdeck.

**) Den Zug nahm Wieland aus der Geschichte von Jonas (I, 7. 15). Damit

Hüons Schuld. Rezia stürzt sich mit ihm ins Meer. 103

ins Meer zu stürzen gezwungen ist. Mit dem Bekenntniß seiner unsterblichen Liebe, deren Allgewalt er nicht zu widerstehn vermocht, dem bittersten Schmerze, von Rezien scheiden zu müssen*), der selbst die Menge einen Augenblick ergreift, und mit der rührenden Bitte an Oberon, nicht die unschuldige Geliebte in sein Verderben zu verwickeln, fügt er sich dem gerechten Schicksalsspruch. Sein Verbrechen ist ja nichts als menschliche Schwäche, an die ihn Oberon gleich bei seiner ersten Erscheinung gemahnt hatte (II, 39), und was ihn dazu trieb, war nur Liebe, woher er keine Reue darüber zu empfinden vermag; nur das Unglück der Geliebten schmerzt ihn. Diese aber, der das Leben ohne ihn zur drückendsten Last sein würde, will mit ihm in den Tod gehn, und so reißt sie den schon an des Schiffes Bord getretenen, zum Tod bereiten Hüon in fieberhafter Glut mit sich ins Wellengrab. Oberon vermag leider nichts für sie zu thun, da seine Macht den Schuldlosen allein hülfreich sich erweist; er kann nur weinen über ihr Unglück und, indem sein von Leid belastetes Herz sich abwendet, sie ihrem Schicksal überlassen. Die Liebenden, die sich fest umschlungen halten, rettet der Ring an Reziens Hand, den der Dichter auch noch im folgenden zu seinem Zwecke treffend benutzt. Er webt ihn hier sehr geschickt in die Erzählung ein. Im dritten Gesange nimmt Hüon dem Riesen Angulaffer den von diesem dem Oberon geraubten Zauberring (III, 5),

---

das Loos die Wahrheit entdeck, wird die Hülfe des Priesters und der Kelch in Anspruch genommen. Daß der Priester der Mönch sei, der Rezien getauft, ist nicht bemerkt.

*) Hier wird das Herz ihm groß (VII, 27), nach älterm Gebrauche von dem ihn überwältigenden Schmerze, dessen Anblick er der Menge durch die vorgehaltene Hand entzieht.

III. Plan und Entwicklung.

der, wie wir dort vernehmen, außer andern Eigenschaften — nur zwei derselben werden daselbst gelegentlich angeführt, daß er sich biegsam jedem Finger anpaßt (III, 31) und auch ein köstliches Mahl gleich zur Stelle schafft (III, 49), wie dies häufig in Zaubersagen vorkommt — die Kraft besitzt, stichfest zu machen und Zauber zu lösen (III, 5. 26. 31). Diesen Ring hat Hüon gleich nach dem zweiten Kusse seiner Geliebten zur Verlobung an den Finger gesteckt (V, 41), ohne mit dessen Wunderkräften besonders vertraut zu sein, deren hier erst zugleich mit seinem von Salomo sich herschreibenden Ursprung ausführlich gedacht wird.*) Zauberringe solcher Art finden wir seit ältesten Zeiten sehr häufig; unserm Dichter schwebte dabei wohl jener eine große Rolle spielende Ring bei Ariost vor, der, am Finger getragen, jeden Zauber vernichtet, in den Mund genommen, unsichtbar macht (III, 69. X, 108). Salomos Zaubergewalt ist seit dem ersten christlichen Jahrhundert allbekannt**), und die verschiedenen Zauberkräfte, die dem Ringe zugeschrieben werden, kommen sonst häufig genug vor.

Wie hülflos auch die Liebenden sich auf dem fremden Strande finden, wo sie mit genauer Noth der Verschmachtung entgehen, ihre Liebe steht unerschütterlicher als je. Mag auch Oberons Zorn sie verfolgen, der ihrer grausam spottet, indem

---

*) Schon III, 30 bemerkte der Dichter, Hüon habe sich durch diesen Ring unwissend zum Oberherrn der Geister gemacht.

**) Besonders seinem Siegelringe schrieb man die bedeutendsten Wirkungen zu, wie auch den nach demselben gemachten Zauberringen. Viele böse Geister waren nach dem Koran ihm unterthan. Vgl. Wielands „Wintermärchen" (I, 101 ff.), das aus dem ersten Theil von „tausend und einer Nacht" (Nacht 9—11) genommen ist.

Rettung. Glück der Liebenden auf der wüsten Insel.

er ihre Hoffnung durch eine glänzend prangende, aber innen
faule und gallenbittere Melone täuscht*), das Geschick will
nicht ihren Untergang: auf Hüons verzweiflungsvolles Gebet
zeigt sich ihm ein rieselnder Quell als Retter in höchster Noth.
Zwar ergreift den edlen Ritter tiefster Schmerz über die Noth,
in welche er die an Pracht und reiche Bequemlichkeit gewohnte
Sultanstochter gestürzt hat, aber diese will von seiner ungerechten
Selbstanklage nichts wissen: ihr Glaube an die Vorsehung, die
sich ihrer bisher bei allem Mißgeschick, das sie betroffen, so
sichtlich angenommen, ist unerschütterlich, und sollte auch die
Wunderhand, die sie umfängt, sich von ihnen abwenden, sollte
Rezia auch auf diesem öden Strande ihr Grab finden, nie wird
sie bereuen, daß sie ihm gefolgt ist, da sie das höchste Glück in
Hüons Liebe gefunden, dessen Leiden allein ihr selbst Leiden
zu bereiten vermag. Dieser, ganz im Vollgenuß reinster Liebe
beseligt, thut den heiligen Schwur, nie durch Kleinmuth sich
zu quälen oder durch Zaghaftigkeit sein Herz zu entweihen, sondern,
der Tugend ewig treu, durch edelste Liebe beglückt, alle Prüfungen
heiter gefaßt zu bestehn. Das Geschick scheint durch diese hehre
Würde, die das alle Tiefen ihres Wesens durchzückende Gefühl
unendlicher Liebe beiden verleiht, einigermaßen versöhnt, so daß
es den Liebenden bei aller Beschränktheit ihrer Lage eine Zeit

---

*) Daß hierbei Oberon wirksam sei, ist nach des Dichters eigener Aeußerung
VII, 54 unzweifelhaft, obgleich wir jenen, der nach Strophe 33 weinend sich weg=
gewandt hat und geflohen ist, uns lieber dabei ganz unbetheiligt denken möchten.
Koch (S. 37) will freilich Oberons Betheiligung nicht zugeben, aber wie soll man
anders Wielands Worte fassen:
Kannst du, zu strenger Geist, in solchem Jammerstand
Noch spotten ihrer Noth, noch ihre Hoffnung trügen?

ungestörten wonnigen Friedens und reinen ehelichen Glückes gewährt und sie mit einem theuern Liebespfand beschenkt. Zugleich sucht Hüon, auf die Mahnung des frommen Einsiedlers Alonso, den das Glück sie auf dieser Insel finden läßt, seine Schuld durch strenge Enthaltsamkeit vom vorzeitig sich zugeeigneten Liebesgenusse zu sühnen; ihr Glaube, daß Oberon sich nicht ganz von ihnen abgewandt habe, sondern noch unsichtbar über ihnen schwebe, wird von Alonso bestens genährt. Allein dieser kann nichts für sie thun, er muß dem Schicksal seinen Lauf lassen; ihm selbst ist der Blick in ihre Zukunft verschlossen, so daß er nur ihren gegenwärtigen Zustand, und zwar durch die ihm inne wohnende halbgöttliche Natur, auch aus weitester Ferne zu erschauen vermag. Noch jetzt liegt ihm jede Ahnung fern, in Hüon und Rezien sei das Liebespaar gefunden, welches seine Wiedervereinigung mit Titanien herbeiführen werde, vielmehr hält er eine solche noch immer für unmöglich.

Sehr weise berechnet ist es, daß in diesem Augenblick, wo Oberon sich vom liebenden Paar ganz abgewandt hat, Titania zu innigstem Antheil an ihnen veranlaßt wird. Vergebens hat diese den Oberon nach seinem im Zorn ausgesprochenen Schwure in ihre Arme zurückzurufen gesucht; ruhelos ist sie durch die weite Luft auf Sturmesflügeln hingeeilt, bis sie endlich eine wüste vulkanische Insel unter sich erblickt, die sich zum düstern Sitze ihres verzweiflungsvollen Lebens zu eignen schien. Hier weilte sie sieben Jahre lang in hoffnungsloser bitterer Reue und unendlichem Leid; nur ein Trost dämmerte noch zuweilen in ihrer gepreßten Seele auf, das ahnungsvolle Gefühl, daß Oberon sie noch immer liebe, daß seine Trennung von ihr ihm nicht weniger schmerzlich werde, und wie wehe that ihrer Liebe dieser Schmerz des Geliebten! Aber kein noch so tiefes Leiden widersteht der alles lindernden Zeit, und so hatte denn auch Titania sich wieder frohern Aussichten zugewandt, die Hoffnung, doch noch einmal mit Oberon vereinigt zu werden, hatte sie wieder aus der Ferne angelächelt und sie schon die düstern Felsenklippen, auf denen sie ihren Trauersitz genommen, in ein Elysium voll blühender Naturschönheiten umgewandelt, auch drei ihrer Elfen (drei nach der Zahl der Grazien) zum freundlichen Dienste hierher berufen. Ein glücklicher Zufall hat den aus der Welt sich zurückziehenden Alonso mit einem ihm treu gebliebenen Diener hierher getrieben, dessen reines Herz sie ihm bald so innig befreundet, daß sie den frommen Greis mit ihrer wohlthätigen Zaubermacht lieblich umspielt. Daß dreißig Jahre nach ihm das Meer auch unser Paar an dieser Insel, doch an dem von Titanien nicht verwandelten Klippenstrand, landen läßt, ist freilich ein Zufall, aber ein solcher, wie er dem romantischen Epos ganz gemäß ist. Die edle Gatten= liebe rührt Titaniens liebe= und reuevolles Herz, ja sie zuerst schmeichelt sich mit dem Gedanken, dieses sei das alle Prüfungen treu bestehende Paar, dessen Möglichkeit der Wunsch ihrer Wiedervereinigung mit Oberon ihr vorgespiegelt, dessen Erscheinen sie so lange sehnsuchtsvoll entgegengesehen hat. So knüpft sich an das von Oberon aufgegebene Paar der sehnlichste Wunsch ihres Herzens, dessen Erfüllung sie mit ahnungsvollem Sinne vorschaut, während Oberon in seiner Erbitterung auf das Frauengeschlecht an einer solchen völlig verzweifelt. Die augen= blickliche leichtsinnige Lust an berückender Frauenschlauheit hat sie bitter gebüßt; mit unendlichem Wohlgefallen ruht jetzt ihr Sinn auf dem von wärmster Gattenliebe beseelten Weibe, in dessen Schicksal sie die Erlösung von Oberons schrecklichem Fluche ahnt. Mit ihren drei Elfen leiht sie Rezien auf geheimnißvolle Weise bei der Geburt ihre Hülfe. Länger als zwei Jahre erfreuen Hüon und Rezia, jetzt durch ein holdes Söhnchen beglückt, sich heitern Friedens, aber das Schicksal, das ihnen nur eine kurze Rast gegönnt, hatte ihnen neue Leiden aufgespart, durch welche sie zum vollsten Genusse ihres ehelichen Glückes eingehn sollen. Wie reich sich auch Hüon in Reziens Besitz fühlte, so hatte er sich doch reuevoll die harte Buße der Enthaltsamkeit aufgelegt, und wie sehr mußte er sich auch der Geliebten und seines kleinen Hüonett wegen in die Welt zurücksehnen! Wie Alonso diesen Wunsch natürlich begründet findet, so kann auch das Schicksal dieses sehnsüchtige Verlangen dem edlen Paare nicht als Schuld zurechnen, aber vorab müssen sie noch die schwerste Prüfung bestehn, sich in der Feuerprobe der Leiden bewähren, damit die frühere Verletzung der sittlichen Ordnung und des gegebenen Wortes gesühnt und zugleich Oberons Schwur gelöst werde: denn das Schicksal hatte, wie sich jetzt erst ergibt (Oberon hatte davon nichts geahnt), in geheimnißvoller Voraussicht das Glück dieser beiden Ehen in einen Knoten zusammengewunden.

Titania schaut in den Gestirnen Reziens nächste Zukunft; das dieser alsbald drohende schreckliche Unheil ergreift ihr Herz mit tiefstem Mitgefühl. Den Knaben dem Verderben zu entreißen, raubt sie diesen, und übergibt ihn ihren drei Elfen zur Pflege, in der sichern Ueberzeugung, daß Hüon und Rezia im Unglück ihre unerschütterliche Treue bewähren und dadurch nicht bloß ihre eigene, sondern auch Oberons Wiedervereinigung mit ihr selbst erwirken werden. In diesem Augenblicke werden

die drei Rosen, welche sie den Elfen gibt, sich in Lilien ver=
wandeln, zum Zeichen, daß sie mit Oberon wieder verbunden
ist; deshalb sollen die Elfen immer auf jene drei Rosen achten,
und sobald sie diese Veränderung wahrnehmen, mit Hüonett
herbeieilen. Wenn Oberon noch immer nicht daran denkt,
daß die beiden Liebenden, die sich einmal vergangen, die schwersten
Liebesproben bestehn werden, so tritt dagegen Titaniens Glaube
an die unerschütterliche Treue dieser unzertrennlich verbundenen
Seelen in glänzendstem Lichte der das Edle ahnungsvoll er=
schauenden Weiblichkeit bedeutsam hervor; hatte sie früher,
leidenschaftlich gereizt, Rosettens argen Treubruch beschützt,
so sehen wir sie jetzt von reinstem Gefühl der vor dem Tode
nicht zurückschreckenden Liebestreue innig durchdrungen. Muß
sie auch Rezien durch den Raub des Knaben eine neue schwere
Wunde schlagen, vermag sie auch nichts zur Abwehr des drohenden
Unheils, das diese in furchtbaren, ihr ganzes Glück zerstörenden,
unmittelbar auf einander folgenden Schlägen trifft, so erscheint
sie ihr doch im Traume als Trösterin, verkündet ihr, daß Sohn
und Gemahl noch leben, ja sie gibt sich als Feenkönigin zu er=
kennen, welche ihrer Treue die Wiedervereinigung mit Oberon
zu verdanken haben werde. Daß sie bald wieder mit Oberon
verbunden sein werde, dafür bürgt ihr der im Sande von ihr
gefundene Ring, den Rezia beim Ringen mit den Räubern
verloren hatte; denn wir vernehmen, daß sie diesen von Hüon
dem Riesen Angulaffer abgenommenen Ring bei der Trauung
dem Oberon gegeben und ihn dadurch als ihren Herrn an=
erkannt hat, wobei wir freilich gern erfahren möchten, wie
dieser Ring, der, wie es früher hieß, keinem entrissen werden
konnte, der ihn nicht geraubt, dem Oberon entkommen ist, mag

III. Plan und Entwicklung.

dies auch Titanien selbst ein Räthsel sein, welche in diesem Funde ein Schicksalszeichen erkennt. Bekanntlich gilt das Verlieren des Trauringes als ein schlimmes Zeichen, wogegen das Wiederauffinden durch einen der Gatten als günstig gelten muß. Oberon hat sich von dem Liebespaare abgewandt, aber das schreckliche Wehe, das dieses jetzt erfaßt hat, erregt, als er es aus der Ferne schaut, doch sein Mitgefühl, so daß er darüber in trüben Schmerz versinkt; den Blick zu dem eben aufgehenden Morgenstern gewandt, der so freundlich auf die Welt herabschaut, verhüllt er sich in eine trübe Wolke. Da naht sich ihm einer seiner Geister*) — der Dichter nennt ihn nicht mit Namen, obgleich der Prosaroman und Shakespeare ihm solche darboten (vgl. S. 61) —, dessen sprechende Blicke ihn um den Grund seiner Trauer fragen, worauf dieser ihm in einem Wolkengebilde, in einer Fata Morgana, Hüons Unglück zeigt.**) Der Geist

---

) Wieland wechselt mit den Ausdrücken Geist, Elfe (beider bedient sich auch Shakespeare) und Sylphe. Mit dem letztern werden eigentlich Luftgeister bezeichnet, wie die Undinen und Salamander Wasser- und Feuergeister sind. Vgl. oben S. 72).

*) Es ist ein unleugbarer Widerspruch, wenn es X, 19 heißt, Oberon habe dem Geiste die „Geschichte des treuen Paares" oder, wie es früher lautet, „der beiden Liebenden" im Bilde gezeigt, da er ihn nach X, 15 nur das Bild des hülflos am Baumstamm fest gebundenen Hüon sehen ließ. Noch auffallender ist es, daß, nachdem schon X, 18 f. der Geist unsichtbar die Stricke von Hüon hat abfallen lassen und dieser in einen unsichtbaren Arm (offenbar den des Geistes) gesunken ist, Oberon dem Geiste erst befiehlt, jenen loszumachen (21, 1) und dieser seine Bande auflöst (22, 3). Dieses ist keineswegs, wie Koch (S. 41) meint, die Folge von Wielands halbem Beibehalten und halbem Aendern der ihm vorliegenden Erzählung. Wir haben hier offenbar zwei verschiedene Fassungen. Ursprünglich sollte Hüon nicht redend eingeführt werden. Auf X, 16, 4 folgte 19, 5, wo nur „der Sylphe" oder „der Geist da" statt „er" stand. Bei späterer,

Aeußerste Noth und Rettung.

legt seine Fürbitte bei seinem Herrn und Meister ein, allein dieser kann für Hüon, seit er sich vergangen, nichts mehr thun, seine Zauberkraft ist für diesen verloren, und doch will er ihn nicht hülflos untergehn lassen, sondern ihm die Möglichkeit verschaffen — und dies steht in seiner Macht —, sich in der Gefahr kräftig zu bewähren und in Reziens Besitz zurückzugelangen. Unsichtbar löst der Geist Hüons Bande (Oberon kann nicht mehr durch seine Zauberkraft aus der Ferne auf Hüon wirken) und trägt ihn auf seines Herrn Geheiß nach Tunis, wohin, wie er weiß, Rezia von den Seeräubern gebracht werden wird. Auch in dieser ärgsten Noth hat den Hüon seine Hoffnung auf die ihn schützende Hand, in welcher er Oberons Hülfe vermuthet, nicht ganz verlassen.

Hüon, den ein glücklicher vom Schicksal bereiteter Zufall wieder mit Scherasmin*) und Fatmen zusammengebracht, besteht siegreich die stärksten Versuchungen**), wenn auch die

---

freilich vor dem ersten Drucke gemachter Durchsicht ließ Wieland Hüon hier selbst reden und machte den Uebergang zu 19, 5, ohne den klaffenden Widerspruch zu bemerken, auf den er auch von keiner Seite aufmerksam gemacht wurde.
*) Seine Ankunft zu Tunis ist IX, 16 zu wenig begründet.
) Auch hierbei scheint dem Dichter die bereits oben S. 91) erwähnte Liebesgeschichte von Joseph und Zölica vorgeschwebt zu haben. Zölica, die Gemahlin des Bezirs Azir-Kalfir, sucht vergebens den Joseph, den Sklaven ihres Gatten, zu verführen. In einer Nacht begibt sie sich verschleiert in ein Gebüsch in dessen Nähe Joseph das Vieh weidet. Als am Morgen Joseph erscheint, entschleiert sie sich und zeigt ihm alle ihre Reize, aber Joseph, wie sehr er auch durch diesen Anblick sich hingerissen fühlt, bleibt der Tugend treu. Später bewirkt sie, daß er zum Verwalter ihrer Gärten nahe bei der Stadt ernannt wird, und nachdem sie verschiedenes vergeblich versucht, läßt sie an ihren Pavillon sieben große, auf das reichste und verführerischste ausgeschmückte Säle anbauen, durch welche sie eines Tages den Heißgeliebten führt. Im letzten angekommen,

III. Plan und Entwicklung.

Widerstandskraft zuletzt zu erliegen droht. Gern leidet er für seine standhafte Treue den peinlichsten Feuertod, womit er alle frühere Sündenschuld abzubüßen hofft; nur die Sorge um die Geliebte quält ihn, und daß zu dieser das verleumderische Gerücht von seiner Treulosigkeit, von seinem wollüstigen Ueberfall der wunderreizenden Almansaris gelangen werde, dessen Schuld Hüon doch, besonders Reziens wegen, nicht so ganz leidend auf sich sitzen lassen dürfte, wie es unser Dichter XII, 25 darstellt. Die Sorge für die Geliebte und seine Ehre überläßt der von den Schlägen des Schicksals fast erschöpfte, ganz lebensmüde Held vertrauensvoll seinem Oberon, der noch immer nicht hülfreich einzutreten vermag, da nur die alleräußerste unerschüttert bestandene Noth die Schuld völlig zu tilgen im Stande ist. Doch nicht allein Hüon, der seiner Treue und Ehre alles opfert, auch Rezia muß ihre liebevolle Standhaftigkeit bis zum schrecklichsten Tode heldenhaft bethätigen. Erst als beide, an denselben Pfahl gebunden, leider des süßen Trostes beraubt, sich ins treue Auge blicken zu dürfen, auf einem Holzstoß vereinigt

---

schließt sie ihn mit feurigster Glut in ihre Arme und bittet ihn unter Thränen und Seufzern, sich ihrer Liebesnoth zu erbarmen. Aber alle Mittel waren vergebens, der keusche Joseph floh und ließ seinen Mantel zurück. Auch hier wird Joseph von der Verführerin angeklagt; er gesteht das Verbrechen keineswegs zu, enthält sich aber auch aller Gegenanklage. Der beleidigte Gatte läßt ihn ins Gefängniß werfen, woraus ihn endlich der Ruf von seinen Traumdeutungen befreit. Wieland spielt zweimal (XI, 6. XII, 19) auf die Verführungsgeschichte von Joseph an. Daß Almansaris ihre Verführungskünste immer steigert, ist natürlich, doch bleibt es freilich möglich, daß Wieland auch Bodmers oben a. a. O. erwähntes Gedicht vorschwebt, in welchem sich Zellidas Gesang mit Josephs Erwiederung und eine ähnliche Badescene findet, nur nahm er die Hauptzüge aus jener Erzählung in der Bibliothèque.

Aeußerste Noth und Rettung durch Oberon.

stehen (vgl. oben S. 69), als die Flamme schon gezündet, ist ihre Schuld gesühnt. Oberons schreckliche Donner erschüttern die Luft, die Flamme erlischt, die Fesseln fallen von ihren Händen und zum sichersten Zeichen der Versöhnung sieht Hüon das Horn wieder an seinem Halse hängen, als in demselben Augenblick Almansor, Almansaris*) und Scherasmin heransprengen, um Einhalt zu thun. Noch einmal soll das Horn denselben Dienst versehn, wozu es Oberon bei seiner ersten Erscheinung, Hüon und Scherasmin im Palast des Sultans benutzt. Kaum sind die Getreuen in seligem Entzücken sich an die Brust gesunken, von Scherasmin und Fatmen beim Heruntersteigen vom Scheiterhaufen, der für sie zum Siegesthron geworden, mit jubelnder Herzlichkeit empfangen, als sich auch Oberons Schwanenwagen herabsenkt, der sie zu seinem Zauberschlosse in wunderbarer Schnelle hinbringt, aus welchem einst dem Hüon und Scherasmin der schöne Zwerg mit dem mahnenden Rufe nachgeeilt war. Wunderschöne Jungfrauen kommen ihnen entgegen, die „der reinen Liebe unsterblichen Preis" singen und des schönen Siegeskranzes Lohn ihnen verkünden. Ihre wunderbare Treue hat Oberons Schwur gelöst, der jetzt aufs neue mit Titanien verbunden ist und wieder den Ring an seiner Hand trägt, mit welchem er einst der Gattin angetraut worden. Erschien er früher immer als schöner Zwerg, so war dies nur eine Verwandlung seiner wahren Gestalt, welche durch seine unglückliche Trennung von Titanien veranlaßt worden, wie wir hier zur

---

*) Beide sind von einer bewaffneten Schar umgeben, worauf der Ausdruck „in zwei verschiedenen Reihen" (XII, 60) zu deuten ist, wie dies in der frühern Fassung der Stelle deutlicher hervortrat.

III. Plan und Entwicklung.

rechten Zeit erfahren; jetzt sehen wir ihn als schönen Jüngling wieder in seinem ursprünglichen Glanze auftreten, im Bräutigamsschmucke, da er sich heute von neuem der Geliebten antraut. Auch Titania hat den ihren Blick trübenden Zug sehnsüchtiger Schwermuth abgelegt, sie erscheint neben der „Morgensonne" Oberons in „milderm Mondesglanz"*); wie Oberon den Ring trägt, so schmückt sie jetzt die Rosenkrone, welche dieser ihr zum Zeichen ihrer Herrschaft zugetheilt hat. Wie die Lilien dem Oberon eigenthümlich sind als Zeichen der Reinheit, so erscheint die liebliche Feenkönigin überall in Rosenduft, in Rosenlicht, mit einem Kranze von Rosen (IX, 34), der aber von der Rosenkrone unserer Stelle wohl zu unterscheiden ist.**) Der Myrtenkranz, das Zeichen treuer Liebe, empfangen Hüon und Rezia aus den Händen des neuverbundenen Herrscherpaars***), und unmittelbar darauf erscheint auch der dritte im glücklichen Liebesbunde, Hüonett, den die drei Elfen heranbringen, an deren Brust sich die von Titanien ihnen gegebenen Rosen zum Zeichen der glücklichen Wiedervereinigung in Lilien verwandelt haben.

---

*) Der Gegensatz gegen die frühere Trübung ihres Blickes sollte hier bestimmter ausgesprochen sein; in dem Beiwort „milbern" liegt derselbe keineswegs, da dieses nur die wesentliche Eigenschaft des Mondscheines dem Sonnenglanz gegenüber hervorhebt.

**) Auffallen muß der VIII, 60 genannte Myrtenkranz, der mit der folgenden Darstellung nicht stimmt. Uebrigens war bort die Wahl des „Myrtenkranzes" durch die gewünschte Abwechslung des Ausdrucks veranlaßt, da „in seinem Rosenkleibe" vorherging.

***) Keinen Anstoß kann es erregen, wenn XII, 73, 1 Oberon allein genannt wird, obgleich dieselbe Rede auch Titanien in den Mund gelegt wird; das Fürwort ihrer schien hier zu schwach.

In Oberons Zauberschloß. Vor Paris.

Aus Oberons Palast werden die Glücklichen im Schlafe auf eine Moosbank in die Nähe von Paris versetzt, und zwar eben noch zur rechten Zeit, da Kaiser Karl im Begriff steht, dem Sieger in dem hierzu ausgeschriebenen, bereits drei Tage dauernden Turnier Hüons Land und Lehen zu ertheilen, weil er an dessen Rückkehr nicht mehr denkt. Hierbei schwebt wohl die bekannte Sage von Heinrich dem Löwen vor, den der Teufel aus der Ferne nach dem Giersberg bei Braunschweig an dem Tage bringt, an welchem seine Gattin sich von neuem vermählen will, da seit Heinrichs Entfernung sieben Jahre vergangen.*) Hüon besiegt den Ritter, der bisher alle besiegt hat**), und da niemand sich weiter zum Kampfe zu stellen wagt, betritt er mit der verschleierten Gattin den Palast, nimmt den

---

*) Koch (S. 49) denkt an die ähnliche nächtliche Rückführung des Torello durch den Zauberer Salabins bei Boccaccio X, 9, die freilich Wieland bekannt gewesen sein wird. Der edle Möringer wird in gleicher Noth durch einen Engel zurückgebracht, Gerhard bei Cäsarius von Heisterbach (dialog. VIII, 59) durch den Teufel.

**) Wenn Wieland diesen Ritter als einen Sohn des ältern Doolin von Mainz bezeichnet, so ward er dazu wohl durch den Prosaroman veranlaßt, wonach der Kaiser Dietrich von Oestreich in Guyenne einfällt, Bordeaux belagert, das Land sich unterwirft und die schöne Esclarmonde mit sich nach Mainz führt, wo er sie auf das äußerste bedrängt, bis Oberon sich ihrer annimmt. Der ältere Doolin von Mainz, der Sohn von Guy, hatte acht Söhne, unter ihnen Haymon von Dordogne, Gottfried von Dänemark und den jüngern Doolin, den Stammvater des als verrätherisch bekannten Hauses von Mainz. Des ältern Doolin Schicksale enthält der auch Wieland wenigstens im Auszuge der Bibliothèque universelle des Romans bekannte Roman: La fleur des batailles d'Oolin de Mayence (1501), den J. B. von Alxinger seinem „Doolin von Mainz" (1787) zu Grunde legte, einem selbst in einzelnen Ausdrücken Wieland nachahmenden Gedichte, das aber eben so wenig von der Muse eingegeben ist als der nachfolgende, aus dem Auszuge im ersten Aprilband 1779 der genannten Bibliothèque ge-

III. Plan und Entwicklung.

Helm ab und erklärt dem Kaiser, daß er seinen Auftrag pünktlich vollzogen habe und in der Sultanstochter ihm sein geliebtes Weib vorstelle. Titania unterläßt nicht, auch hier ihre Neigung zu Rezien durch die That zu bewähren, indem sie an ihre Seite sich ungesehen anschmiegt und ihr die wunderbarsten, alle Herzen bewältigenden Reize verleiht. Karl läßt seinen alten Groll fahren und schüttelt liebevoll dem Helden die Hand, der ein Muster ritterlicher Kraft sei (diese ist unter der Tugend zu verstehn. Vgl. XII, 82), wie es seinem Reiche nie fehlen möge.

Als eigentlicher Inhalt unseres Gedichtes stellt sich die Darlegung der von Kaiser Karl dem Helden auferlegten abenteuerlichen Fahrt Hüons heraus, welche dieser mit unerschütterlichem Rittermuthe und unverbrüchlicher Ritterehre unter Oberons Beistand glücklich vollendet. Hüons Auftrag ist ein durchaus abenteuerlicher, der nur durch die Zwischenkunft einer übermenschlichen Gewalt zur Ausführung gelangen kann. Eine solche erscheint uns in Oberon, von welchem Wieland bemerkte, daß er mit dem Feenkönig in Shakespeares Sommernachtstraum eine und dieselbe Person sei. Aber dies ist keineswegs der Fall. Denn dem Oberon Shakespeares wie seinem ganzen Elfenreiche fehlt der bei Wieland so schön hervortretende sittliche Sinn; alle diese Gestalten sind reine Naturwesen, die ihr Glück allein im Sinnengenusse finden, die nur heitere Lust und Freude lieben, kein Gefühl für das Rechte und Gute haben. Freilich tritt bei Shakespeares Oberon auch ein gutmüthiger Zug her-

---

nommene „Bllomberis" (1791), wenn auch beide zur Zeit ihre Freunde fanden, ja der erstere sich eines Prachtdruckes erfreute.

vor, aber dieser ist nur ein unbewußter, auf seinem Hange, überall Lust und Freude zu sehn, beruhender Trieb, ohne alle sittliche Würde. Dem hohen, edlen Hause des Theseus ist er geneigt, er wünscht der Verbindung des Helden mit der Amazonen= königin Hippolyta allen Segen, aber zu der letztern fühlt er sich von sinnlicher Neigung hingezogen, wie Titania den Theseus eifersüchtig liebt. Seine Theilnahme für Hermia stammt nicht aus der Tiefe der Seele, ist mehr eine gutmüthige Laune. Dem Streit mit Titanien mangelt jede sittliche Bedeutung, und auch die Wiederversöhnung entbehrt jedes seelenhaften Ge= haltes. Wielands Oberon dagegen ist dem Guten und Reinen innigst zugewandt, und er kann deshalb auch nur solchen hülfreich beistehn; seine Trennung von Titanien geht aus sittlicher Ent= rüstung hervor über die Treulosigkeit der Weiber und die Art, wie Titania in ihrem launenhaften Widerspruche die Schuldige beschützt. Wielands Feenkönig ist ein Mittelwesen, das den Gang des Schicksals nicht aufzuhalten, aber dem Guten seine Wunderkraft zuzuwenden vermag, wodurch gerade der Wille des Schicksals zur Ausführung kommt. Vgl. X, 20. Die Grund= züge zu dieser Darstellung bot dem Dichter schon der Roman, doch erscheinen sie bei ihm wesentlich gehoben und verklärt. In gleicher Weise wie mit Oberon verhält es sich mit Titanien, deren schöne Weiblichkeit herrlich in der Ahnung von Reziens reiner Treue hervortritt, welche Ahnung dem Oberon fern liegt. Die von beiden besonders auserkorenen Elfen stehen ihnen an edler Würde wenig nach, wogegen Wieland bei der allgemeinen Schilderung der Elfen die Züge von Shakespeare hernahm, bei dem sie den Mond lieben, in seinem Scheine tanzen und scherzen,

III. Plan und Entwicklung.

während des Tages aber in Blumen ruhen. Vgl. VI, 85. VIII, 60.

Bildet die abenteuerliche Fahrt, in welche die übernatürliche Gewalt Oberons zur Förderung und Rettung des in seinen Tod gesandten muthigen und edlen Ritters mächtig eingreift, den Inhalt unseres romantischen Epos, so liegt dagegen der eigentliche Gehalt desselben nicht in der Feier wahrer Rittertugend, als deren Muster Kaiser Karl den Hüon am Schlusse hinstellt, sondern in der Verherrlichung un erschütterlicher Liebestreue, welche als duftende Rose auf lebensfrischem Blüthenstengel aus reichem Blätterschmucke uns entgegenlacht. Keineswegs soll unser Epos eine allgemeine Wahrheit zur Darstellung bringen, was dem epischen Gedichte überhaupt fremd ist, in Hüons und Reziens Schicksal offenbart sich uns die Allgewalt treuer Liebe, welche allen Versuchungen und Schrecknissen bis zum bittersten Tode sich muthig gefaßt entgegenstellt. Diese ist es, deren erhabenes Bild uns so ergreifend entgegenleuchtet, die wie ein frischer Odem unsere Brust wonnevoll anweht. Man thut unserm Dichter entschieden Unrecht, wenn man meint, Oberon solle zeigen, wie ein Mensch, der einer Schwäche unterliege, nicht eben ein schlechter Mensch sein müsse, sondern sich ein andermal eben so stark beweisen könne als vorher schwach. Eben so wenig trifft man Wielands bei genauerer Betrachtung unmöglich zu verkennende Absicht, sucht man in unserm Gedichte die Idee, treuer Glaube und festes Vertrauen seien allein im Stande, Uebersinnliches und Sinnliches, Jenseits und Diesseits, Schicksal und Freiheit im Leben des Menschen zu vereinigen und auszusöhnen, wonach das Ganze eine Verherrlichung der Vorsehung sein würde, zu dessen Spruch man

Einheit des Gedichtes. Anfang.

gewissermaßen die Aeußerung Amandens (VII, 75) machen dürfte:

> Mir sagts mein Herz, ich glaubs, und fühle, was ich glaube:
> Die Hand, die uns durch dieses Dunkel führt,
> Läßt uns dem Unglück nicht zum Raube.

Könnte für denjenigen, der das Gedicht ruhig auf sich wirken läßt, noch irgend ein Zweifel an der sich uns hier offenbarenden Seite des menschlichen Herzens übrig bleiben, so würde sich dieser völlig heben durch die Art, wie der Dichter Oberons und Titaniens Wiedervereinigung mit dem Schicksal Hüons und Reziens verflochten hat. Auch ist es wohl nicht ohne Absicht geschehen, daß Wieland in der Anrufung der Muse am Anfange des Gedichts das Schicksal seines Paares nur bis zu dem Punkt uns vorschauend umreißt, wo die Bewährung ihrer standhaften Liebestreue, das eigentliche Endziel, das Hohelied dieser ganzen anmuthigen Dichtung, eigentlich anhebt.

Freilich kann man hiergegen die dichterische Einheit geltend machen, da ja die schwere Prüfung der Liebestreue erst im zehnten Gesange, im letzten Viertel des Gedichtes, eintrete. Allein das romantische Epos hat seine eigenen, durch das Wesen des ihm zu Grunde liegenden Abenteuerlichen begründeten Gesetze. Das Abenteuer ist der Kreis, in welchem es spielt und durch eine reiche Fülle wunderbarer, den Geist spannender und anregender Begebenheiten anmuthig unterhält. Aber in diesem Kreise muß sich eine in sich geschlossene bedeutungsvolle Handlung allmählich anspinnen, die nicht allein unser theilnehmendes Gefühl zu unausgesetzter Theilnahme bewegt, sondern auch in ihrer Vollendung als eine schöne Enthüllung menschlicher Natur uns entgegentritt. Von dieser Art ist in Tassos befreitem

Jerusalem der Zauber Armidens, deren eifersüchtiger Haß endlich vor Rinaldens rein theilnehmendem, von edlem Bewußtsein seiner Liebe, seines Glaubens und seiner Pflicht geweihtem Sinne weicht. In Ariosts rasendem Roland bilden trotz des Titels und der den Roland an erster Stelle aufführenden Einleitung die wunderlichen Liebesschicksale Rüdigers und Bradamantens, die nach manchen Irrungen sich doch endlich zum ersehnten Ehebunde vereinen, den einheitlichen Faden, der sich durch dieses Labyrinth mannigfachster Liebes- und Kampfabenteuer hindurchschlingt. Die wunderbar durch Oberon angeregte Liebe zwischen Hüon und Rezien ist die mit viel strengerer Einheit als bei Tasso und Ariost sich entwickelnde Kernhandlung des wielandischen Epos, die in die glücklich bewährte Liebestreue ausläuft und in die selige Wiedervereinigung des zur Sühne der in leidenschaftlichem Sinnesrausche begangenen Schuld getrennten Paares.

Erst nachdem Hüon den treuen Scherasmin gefunden, nachdem des Kaisers durch den Zorn über die Ermordung seines Sohnes veranlaßter, auf Hüons Verderben abzielender Auftrag berichtet, von Oberons Versprechen und der Gewährung seiner Wundergaben ausführliche Nachricht gegeben ist, nachdem Hüon den Riesen Angulaffer besiegt und sich mit dem wunderbaren Ring entfernt hat*) — nachdem alle diese Fäden angeknüpft

---

*) Den Ring hat Wieland an die Stelle des Panzers gesetzt, den Hüon dem Riesen läßt. Im Roman stammt der Ring vom Amiral und er eröffnet Hüon den Eingang am Hofe. Bemerkenswerth ist es, daß Hüon weiter den Ring überhaupt nicht benutzt. Vgl. S. 103 f. Wieland hatte gerade der Wundermittel zu viel, und deshalb ließ er ihn zur Seite. Aber es wäre zu wünschen, daß die etwas dunkel gehaltene Erzählung, wie durch des Ringes Kraft eine wohlbesetzte

Einheit des Gedichtes. Anfang.

sind, das Bild des tapfern, edlen und sittenreinen Ritter lebhaft vor uns steht, spinnt sich die Liebesgeschichte an: denn im abenteuerlichen Befehle Karls, die Sultanstochter dreimal öffentlich als Braut zu küssen, kann man unmöglich den Anfangspunkt derselben erkennen, wenn auch Oberon gerade darauf seinen Beglückungsplan gründet. Der Feenkönig zeigt im Traume seinem Schützling Reziens Bild, und dieser, dessen unbefangenes Herz der Liebe bisher noch keinen Raum gegeben hat, wird von innigster Sehnsucht zu dem wunderreizenden Wesen hingezogen*), so daß er, in der festen Ueberzeugung, dies könne kein eitler Traum gewesen sein, sein Leben, das ohne sie ihm nichts sein würde, an ihren Besitz setzen muß. Zwar macht die gewaltsame Art, wie das liebe Bild ihm im Traum entrissen wurde, ihn etwas bedenklich, ja er beginnt fast an der Erfüllung seines Glückes zu verzweifeln, doch Scherasmin weiß das Aengstliche des Traumes leicht durch seine köstliche Beschreibung zu verscheuchen, wie alle Nachtgespenster häufig uns im Traum erschrecken, und er frischt Hüons Glauben an, daß

Tafel die Gesellschaft in Angulaffers Thurm überrascht (III, 49), ganz wegbliebe, weil es jetzt zu sehr auffällt, daß Hüon sich im folgenden dieses für ihn so kostbaren Ringes nicht bedient.

*) Koch behauptet (S. 29), Wieland habe zur Schilderung Reziens IV, 6 die Stanze aus Jbris I, 70 benutzt. Dort lauten Anfang und Ende:
Stell' etwas Schöners als die Tiziane kennen,
Mehr als den schönsten Traum der Phantasie dir vor —
So hast du doch von der, die meine Brust beseelet,
Nur einen Schattenriß, dem Farb' und Ausdruck fehlet.
Hier entspricht diesem: Denk dir ein Weib im reinsten Jugendlicht —
Denk alles und du hast den Schatten kaum von ihr!
Mit welchem Recht man dies Benutzung nennen kann, sehe ich eben so wenig, als was der dabei angeführte Brief Wielands an Merck vom 20. November 1779 soll.

gerade Oberon ihm das Traumbild gesandt, er die Ersehnte wohl in Bagdad finden werde. Nicht weniger hatte der Feenkönig der schönen Sultanstochter den fremden jungen Ritter mit blauen Augen und langem gelben Haar im Traum entgegengeführt, und ihr Herz mit unwiderstehlicher Liebe zum reizenden Traumbild erfüllt, so daß ihr Bräutigam, mit dem sie in nächster Zeit verbunden werden soll, ihr unausstehlich wird. Diesen Traum hatte Oberon Rezien bereits vor einigen Wochen gesandt, da er Hüons Ankunft fest erwartete; die lang gehegte Sehnsucht nach ihm sollte die Glut des Verlangens zum höchsten Grade steigern, ehe der Wunderjüngling erschien, und die Erfüllung der Traumweissagung nach langer vergeblicher Hoffnung um so schlagender wirken. Daß die Liebe gerade durch einen Traum angeregt wird, den der holdgeneigte Schutzgeist sendet, ist höchst treffend erfunden; ergreift ja die Liebe die Seele traumartig, indem sie nicht das wirkliche Bild, sondern ein ideal erfaßtes uns vorspiegelt. Die Nachricht von Reziens Traum und ihrer dadurch erregten glühenden Liebe*) befeuert Hüon, wie jene durch die Kunde von der wirklichen Ankunft des im Traum vorgeschauten Ritters mit muthigstem Vertrauen erfüllt wird. Nicht sowohl die Vollziehung von Karls Auftrag

---

*) Er erhält sie durch die Mutter von Reziens Amme, die Hüon und Scherasmin in Bagdad auf der Straße finden; diese gutmüthige „Baucis" bietet den Ermüdeten ein Nachtquartier bei sich an. Im Romane werden die Reisenden ähnlich in Tourmont von einem dem Christenglauben treu gebliebenen Freunde des Sultans Floriac aufgenommen, der sie bei Hofe einführt. Die Amme selbst die später so bedeutend werden soll, nennt Wieland Fatme, welchen Namen er, wie Koch bemerkt, in einer Novelle von Agnolo Firenzuolo in demselben Hefte der Bibliothèque fand, worin der Roman von Hüon steht. Berühmt ist des Propheten Tochter Fatime.

Einheit des Gedichtes. Traum. Kampf.

als der Besitz der Geliebten ist es, der jetzt alle Kräfte unseres Helden mächtig anspannt, wogegen Rezia, ungerührt von allem Glanz und allen Festlichkeiten, in sich versunken, nur der Erfüllung ihres der Verwirklichung nahen Glückes entgegenharrt. Die Allgewalt der Liebe, die sich schon in der urplötzlichen Umstimmung ihres Herzens durch ein bloßes Traumbild bewährt hat, tritt hier glänzend hervor. Zwar windet Rezia bei Hüons erster „liebeskühner", vor dem ganzen Hofe gewagter Umarmung, im Kampfe zwischen Liebesseligkeit und holder Scham („jungfräulichem Gram")*), bald glühend roth bald leichenblaß, sich in seinen Armen, als wolle sie sich ihm entziehen, aber schon der zweite Kuß und das durch den Ring bethätigte Bekenntniß seiner ihren Besitz ersehnenden Liebe entwaffnen ihren Widerstand, mit dem dritten ist sie ganz ihm hingegeben, so daß sie im Augenblick, wo Hüons Leben von hundert Klingen bedroht ist, sich muthig zwischen die Kämpfenden wirft, und durch das unverholene Bekenntniß ihrer Liebe den blutigen Streit beizulegen freilich vergebens sich bemüht. Hüon aber wird durch Reziens schmerzlichen Angstschrei, welcher der Gefahr ihres Geliebten gilt, so mächtig von dem auch dieser, die ihn noch mit einem Arm umschlungen hält, drohenden Tod ergriffen, daß er, sie zu retten, mit seinem Horne den ganzen Saal in Tanzwuth zu versetzen sich genöthigt sieht. Und als er nun seine Geliebte in Sicherheit gebracht, seinem treuen Scherasmin aber, unter dessen Schutz er sie läßt, für den äußersten Nothfall sein Horn überlassen, eilt er, sich auch des letzten Auftrags seines Kaisers zu entledigen, doch Liebe und Edelmuth bestimmen ihn, an

---
*) V, 40. Vgl. IV, 48. V, 4. 43. 74. VII, 10.

die Stelle von Karls beleidigender, zweckloser Forderung eine
andere wichtigere und die Möglichkeit einer freundlichen Verbindung mit seinem künftigen Schwiegervater sichernde zu setzen.
Rezia wird durch diese von der Liebe und Hüons edlem Herzen
eingegebene Milderung entzückt, aber leider hat sie auch die
gerechteste Ursache, mit Schaudern der Aufnahme dieser Forderung
entgegenzusehn. Nur zu bald schwebt Hüon in der schrecklichsten
Gefahr, die Rezien, nachdem sie einige Zeit sich an den glänzenden
Proben seiner Heldenhaftigkeit geweidet, in einen fürchterlichen
Angstschrei ausbrechen läßt, worauf Scherasmin durch Oberons
Horn dessen Hülfe herbeiruft. Wir haben bereits oben (S. 96 *)
hervorgehoben, wie schön Rezia, als Oberons Hülfe den Geliebten gerettet hat, ihre Liebe zu Hüon verräth. Um aber
die Allgewalt der Liebe noch sprechender herauszustellen, deutet
Oberon auf das große Glück hin, welches sie hier zurücklassen
werde, und auf die Gefahren, die eine solche Reise in die weite
Welt, auf die sie sich eben begeben wolle, bei so manchen drohenden
Unglücksfällen nothwendig mit sich bringe, ja er stellt es ihr
frei, noch hier zurückzubleiben, da er in diesem Falle alles wieder
ins Gleiche zu bringen verspricht. Aber Rezia kann von Hüon unmöglich ablassen. Und wie unendlich beglückt von der Liebe Macht
finden sich beide, als sie in Oberons Zauberwagen nebeneinander
sitzen, wie löst sich ihr ganzes Sein in diesem einen Gefühl
auf, das sie seelenhaft ineinander versinken läßt, so daß sie
wachend vom zauberischsten Traume der Wonne sich umfangen,
sich von höherm Leben beseligt fühlen!

Der süße Rausch der Leidenschaft, einer Leidenschaft, welche
Rezien zwingt, Vaterland, Hof, Thron und Vater aufzugeben,
läßt beide endlich auch trotz aller langen bittern Kämpfe das

Einheit des Gedichtes. Macht der Liebe.

dem Oberon gegebene Wort verletzen, sich nicht eher der Liebe vollstem Genusse hinzugeben, bis der Papst ihren Bund gesegnet; ja gerade Hüons strenge, mit fast brechendem Herzen bewahrte Enthaltsamkeit veranlaßt seinen Fall. Umsonst erhebt die Ritterehre ihre bei Hüon so einflußreiche Stimme, umsonst tönen Oberons Zorn und die gedrohten Gefahren wie Schreckensrufe vor seinen Ohren, die Macht der seligen Leidenschaft läßt alle Rücksichten schwinden; wie sinnlos überläßt er sich ihren gierigen Lockungen; auch Rezia vermag nicht zu widerstehn. So pflücken sie denn in „herzberauschtem wollüstigem Vergessen" vor der Zeit die „süße verbotene Frucht". Und als nun Hüon ein Opfer seiner Schuld werden soll, als er sich in die Tiefe des Meeres stürzen muß, da spricht sich neben dem Schuldbewußtsein, „berauscht vom süßen Gift", des gegebenen Wortes und der Warnung des Schutzgeistes vergessen zu haben, das tiefe Gefühl der „heiligen Glut" der Liebe, die kein Wellengrab erstickt, die unsterblich auch jenseit des Todes fortdauert, mit zartester Innigkeit aus. Rezia aber zeigt sich von gleichem Liebesdrang begeistert, als sie auf Hüon, dessen Tod allem Mitleid zum Trotz der zum zweitenmal stärker sich erhebende Sturm fordert, einer Rasenden gleich losstürzt und, fest ihn umschlungen haltend, ihr Dasein mit ihm enden will. Retten sie auch aus dem tobenden Meere fast nichts als das nackte Leben, so fühlen sie sich doch in gegenseitigem Besitze unendlich reich, von göttlicher Seligkeit durchzuckt. Mit welcher verzweifelnden Aufopferung sehen wir dann Hüon zur Erhaltung der dem Verschmachten nahen Geliebten alle seine Kraft aufwenden, und als endlich der äußersten Nothdurft Genüge geschehen, wie feurig spricht sich Reziens Liebe aus, die in seinem

Besitze die ganze, volle Seligkeit genießt, die nur, wenn Hüon leidet, Kummer und Noth empfindet! Diese ihre Liebe ist es, welche ihm Muth und Zutrauen wiedergibt, die ihn den freudigen Schwur leisten läßt, nie der Tugend untreu zu werden, nie der Geliebten erhabenen Werth zu verkennen. So ist es der Liebe hehre Macht, die sie in allem Leid, in aller Noth aufrecht hält.

Neues, ungeahntes Glück durchströmt ihre alle Entbehrungen heitern Muths ertragenden Seelen, als Rezia sich und ihrem Gatten die frohe Gewißheit gesteht, daß sie ein Liebespfand unter ihrem Herzen trage: inniger als je fühlen sie sich zu einem Dasein verschlungen; die Seligkeit reinster Elternfreude heiligt ihren auf süßer Einstimmigkeit ruhenden Liebesbund. Rezia findet hierin zugleich ein Pfand der vorsorgenden Hand der Gottheit. Aber kann sie auch mit einem Strahl dieses ahnungsvollen Gottvertrauens Hüons Herz erwärmen, dieser fühlt sich um der Geliebten und des ersehnten Kindes willen jetzt auf das allerdringendste aufgefordert, sich nach irgend einer Hülfe umzusehn, die ihm der bereits fast nach allen Seiten vergebens durchsuchte Klippenstrand eröffnen könne. Seiner durch Liebe gestärkten, verzweiflungsvoll das Aeußerste wagenden Ausdauer gelingt es endlich, die furchtbaren Felsen zu übersteigen, wo er dann in ein paradiesisches Land gelangt. Dort findet er den aus den Stürmen des Lebens hierher geflohenen Einsiedler Alfonso, in dessen Hütte ein Leben heiterften Liebesglückes unserm eblen Paare mehr als zwei Jahre lang beschieden ist. Mit tiefer Einsicht fühlte Wieland, daß in dem schönen Bilde edelster Liebe der stille, mit überirdischer Wonne uns anwehende Genuß glücklichen Familienlebens nicht fehlen dürfe. Nicht ohne Absicht läßt er Alfonso selbst, nachdem er als Opfer der Hofintrigue aus höchster Höhe, welche sich menschlicher Ehrgeiz ersehnt, gestürzt ist, zehn Jahre lang den Segen einer ihm treu anhängenden, mit ihm unzertrennlich verbundenen, eine reiche Quelle lauterster Freuden ihm öffnenden Familie genießen: allein das Schicksal entriß ihm rasch hinter einander Kinder und Gattin; auch den einzigen Freund verlor er, nur ein alter treuer Diener folgte dem von Gram zerrissenen einsam stehenden Manne auf seiner Flucht in dieses verlassene Eiland, wo er jetzt dreißig Jahre in gottesfürchtigem Wandel, zwischen Arbeit und stillem Naturgenusse getheilt, dem Jenseits entgegenharrt, zu welchem schon vor zwölf Jahren ihm auch sein alter Diener vorangeeilt ist. Mit ihm, der ein solches Glück vor seinem Ende nicht mehr gehofft hatte, sollen sie nun wonnigen Familienlebens, das jenem längst ausgegangen ist, in heiterm Frieden genießen, den auch die mancherlei Beschränkungen und Entbehrungen anfangs nicht im geringsten zu trüben vermögen. Vortrefflich schildert Wieland, mit welcher Heiterkeit das hochgeborene Paar sich den niedrigsten Arbeiten unterzieht, die Alfonso dem Hüon als Mittel gegen die seinem Vorsatz gefährliche müssige Träumerei anempfiehlt, wie sie aber dann auch am Abende sich nicht allein an den lebhaften Erzählungen des achtzigjährigen, noch immer seinen Garten pflegenden Alfonso, sondern auch an Sang und Spiel erfreuen, indem Hüon Reziens Gesang mit der Harfe begleitet. Und welchen Genuß gewährt ihnen die schöne, reich wechselnde Natur! Was ihre heitere Zufriedenheit erhöht, ist das erhebende Gefühl der Enthaltsamkeit, zu welcher sie sich zur Sühne ihrer Schuld verpflichtet haben. Indessen naht die Zeit, in welcher sie ihre

III. Plan und Entwicklung.

süßeste Hoffnung erfüllt zu sehn hoffen dürfen, die sie schon vorahnend empfinden. Freilich fehlt es auch Rezien, je näher ihre Stunde rückt, nicht an drückender Beängstigung, da sie sich hier ohne alle weibliche Hülfe findet, sie sehnt sich oft nach ihrer leider verlorenen Fatme in sorgenvollster Betrübniß, und der Kummer zerreißt ihr Herz um so schneidender, weil sie ihn ihrem Gatten, den sie nicht betrüben mag, zu verbergen sucht. Und als nun durch Titaniens Hülfe die schwere Stunde glücklich vorübergegangen, als ein holder Knabe, „frisch wie eine Morgenrose und wie die Liebe schön", auf ihrem Schoße liegt, welch ein nie genossenes Wonnegefühl belebt mit heiliger Weihe ihr mütterliches Herz, und wie wird ihr Glück zur höchsten Vollendung gesteigert, als ihr Hüon, der sie lange vergebens gesucht, in der durch der Elfenkönigin Gunst geöffneten Blumen=grotte sie findet, den lieben Säugling an der Brust! Allein diese seligste Freude soll keinen langen Bestand haben. Hüon fühlt doch immer dringender das Verlangen nach dem Getümmel der Welt, wo er seine Heldenkraft bewähren könne, und auch um des kleinen Hüonett willen muß er sehnlichst wünschen, wieder zu Land und Thron zu gelangen. Nicht weniger drängt es Rezien nach einem weitern Kreise, wo ihre edle Tugend in schönster Thätigkeit sich entfalten könne. Selbst der dem Leben schon abgestorbene Greis Alfonso muß die Natürlichkeit dieses Triebes anerkennen; deshalb stärkt er ihre Seelen zu frischem Hoffnungsmuth, daß sich ihr Schicksal bald wenden werde. Diese Wendung war freilich sehr nahe, allein sie soll das edle Paar, das der Liebe reinste Wonne, wenn es sich auch der verbotenen Freuden enthalten mußte, länger als zwei Jahre in glücklichem Familienleben genossen hatte, durch eine der schwersten Prüfungen

Einheit des Gedichtes. Hüons Treue.

durchführen, in welcher seine Treue sich auf das herrlichste bewährt. So nähert sich denn die Handlung ihrer durch die bisherige Schilderung des in lauterer und inniger Einstimmigkeit gegründeten Familienlebens schön vorbereiteten Entwicklung. Nachdem der Dichter den unendlichen Schmerz der gewaltsam Getrennten ergreifend geschildert, die schon am Schicksal zu verzweifeln beginnen, als Titania Rezien frischen Muth in die Seele gießt, Hüon durch die wunderbare Entführung und das Zusammentreffen mit Scherasmin und Fatmen sich gehoben fühlt: sehen wir den letztern bereit, es koste, was es wolle, die bald darauf an demselben Hofe eintreffende Geliebte sich wiederzugewinnen.*) Er verschmäht es nicht, sich als Gärtnerbursch annehmen zu lassen, da er so der Geliebten von seiner Nähe Kunde zu geben hofft: allein das Schicksal hat beschlossen, alle seine Versuche zu einem Abenteuer zusammenzuweben, in welchem er seine Treue durch Standhaftigkeit und Leiden siegreich bewähre. Rezien zu sehn, die er im Harem glaubt, findet er kein anderes Mittel, als am Abend über die erlaubte Zeit hinaus im Garten zu bleiben, und dort in einem Gebüsch die vorbeigehende Geliebte zu erwarten. Drei Nächte hat er hier schon vergebens gewacht, und am vierten Abend will er sich, von Scherasmin, Fatmen und Jbrahim**) gewarnt, eben ent-

---

*) Als höchst geschicktes Hemmungsmittel der epischen Handlung hat der Dichter hier das in Folge der gewaltigen Erschütterung eintretende, drei Tage andauernde Fieber benutzt, wobei Scherasmin und Fatme sich als treue Pfleger und Wächter bewähren.

**) Bei dem alten Jbrahim, dem Aufseher der Gärten des Serails, an dessen Schwelle sich Hüon findet, stehen Scherasmin und Fatme in Dienst. Scherasmin bestimmt diesen durch einen schönen Diamanten, den Hüon für seinen Schwestersohn von Damaskus auszugeben (X, 54), wobei es auffällt, daß Scherasmins

III. Plan und Entwicklung.

fernen, als die Fürstin Almansaris erscheint, die in leichtem Nachtgewande sich im Garten ergehn will, wo sie ihn nicht ohne Staunen bemerkt. Er stürzt sich zu ihren Füßen, um Verzeihung zu erflehn, sie aber wird von Liebe zum schönen Gärtner ergriffen, die, immer gewaltiger wachsend, sie unruhig hin und her treibt, in leidenschaftlichster Sehnsucht, dem Geliebten wieder zu begegnen. Die durch die schöne Fremde, Rezia, welche hier als Zoradine erscheint*), in Almansaris erregte, schlau versteckte Eifersucht war jetzt dem süßen Verlangen gewichen, jenen jungen Gärtner in ihre Arme schließen zu dürfen. Indessen versucht Hüon, da ihm sein erster Plan mißglückt ist, auf Fatmens Vorschlag einen andern, er sendet Rezien einen bedeutsamen Blumenstrauß; allein das ihm abgeneigte Schicksal benutzt gerade diesen**), ihn der lüsternen Almansaris zuzuführen, doch alle ihre Künste, alle ihre Reize vermögen nichts über seine keusche Treue und reine Tugend. Da seine bisherigen Versuche, sich Rezien zu nähern, einen so unglücklichen Erfolg gehabt, ja ihn und seine

---

früherer Einfall, wonach er sein eigener Neffe Hassan von Halep sei (X, 26) — Hassan heißt er auch jetzt —, nicht beibehalten ist. Im Roman trifft Hüon den Spielmann Moufflet (vgl. S. 63), „einen kleinen, aber noch frischen Alten"; Ibrahim ist „ein langer Mann mit grauem Bart, doch frisch und roth von Wangen". Vgl. dagegen die Schilderung Alfonsos, VIII, 4.

*) Woher Wieland den Namen nahm, weiß ich nicht.

**) Die Art, wie dieser Blumenstrauß in die Hand der Almansaris geräth und Fatme getäuscht wird, ist sehr unklar dargestellt. Mahneh ist der türkische Name; passender wäre hier der arabische Selâm (Friede). Auch ist der hier zusammengesetzte Blumenstrauß wenig orientalisch, besonders nicht die Anfangsbuchstaben der Namen. Die Jonquille bedeutet: „Habe Mitleid mit meiner Leidenschaft." Vgl. Hammer „Selâm oder die Blumensprache" (1823), Goethe in den Anmerkungen zum Divan.

Einheit des Gedichtes. Hüons Treue und Tugend. 131

Tugend in höchste Gefahr gebracht, will er jetzt, wie es gleich am Anfang seine Absicht gewesen war, als gewappneter Rittersmann in den Palast dringen, um dem Almansor seine schöne Beute zu entreißen; nur Scherasmins und Fatmens vereinigten fußfälligen Bitten gelingt es, ihn zu bestimmen, daß er noch drei Tage ausharre, ob er Zutritt zu Rezien gewinne. Allein Almansaris hat ihm eine neue, noch gefährlichere Versuchung bereitet, in die er arglos hineingeräth, doch auch diese besteht er mit heldenhafter Anstrengung aller Tugendkraft und Liebestreue. Aber damit nicht genug, soll er seine Treue auch im Angesicht des schmerzlichsten und schimpflichsten Todes bewähren. Almansor tritt, vom Bilde seiner ihn verschmähenden neuen Geliebten unruhig verfolgt, zufällig in die Grotte. Almansaris weiß sich zur rechten Zeit zu fassen, und das listige, von rachgierigem Schmerz gestachelte Weib klagt den ihren Armen mit Mühe sich entreißenden jungen Gärtner eines schamlosen Ueberfalls an. Hüon wird zum Feuertod verurtheilt. Aber Almansaris kann ihre gierig glühende Liebe zu ihm nicht bewältigen; sie selbst erscheint vor dem Morgengrauen in seinem Gefängniß, „in schimmerndem Gewand, die Krone auf dem Haupt", da sie hofft, in diesem königlichen Glanz mächtiger auf den spröden Geliebten zu wirken; sie bietet ihm nicht bloß Befreiung, sondern auch durch ihre Vermittlung den Thron an, wenn er ihrer Liebessehnsucht sich geneigt erweise. Umsonst versucht sie alle Mittel, den hartnäckig ihr glänzendes Anerbieten von der Hand weisenden, auf seine Ehre und Treue sich berufenden Trotzkopf zu bewegen, sie läßt nichts unversucht, „was seine Treue durch alle Stufen üben und seinen Muth ermüden kann"; wiederholt entfaltet sie alle ihre Reize, dann stößt sie

9*

die ärgsten Drohungen aus, und als alles nichts fruchten will, fleht sie ihn an, ja sie fällt vor ihm nieder, und beschwört ihn, sich ihrer Liebesnoth zu erbarmen: nichts kann seine Liebe erschüttern, ihn seiner Treue abwendig machen.

Auch Rezia muß ihre Treue glänzend bewähren. War auch Almansor der allerschönste Mann, den je die Sonne beschienen, wie Wieland ihn uns mit wenigen Worten XI, 26 beschreibt, während er der Almansaris Schönheit, die einen Sturm auf Hüons Tugend macht, mit Recht in allen ihren lüsternen Reizen ausführlich schildert (XI, 7—11), konnte seiner Liebenswürdigkeit auch kein weibliches Herz widerstehn, Rezia weiß durch ihre Würde, ihre Gleichgültigkeit und Kälte ihn von sich fern zu halten, den Ausbruch seiner gewaltigen Glut zu hindern; doch diese erzwungene Ruhe kann nicht lange Bestand halten. Schon sehen wir ihn wüthend über den starren Widerstand der alle seine Sinne bewältigenden Frau im Garten umherirren „gleich einem angeschoßnen Wild". Gegen diesen von wüthender Liebesgier entflammten Gebieter muß Rezia, als die Nachricht von dem ihrem Hüon drohenden Feuertode wie der Schrecken des letzten Welttags ihr Herz trifft, die Bitte um das Leben des Sklaven wagen, welcher der ärgsten Verletzung der Gesetze des Harems schuldig erklärt worden: aber was vermag nicht die Liebe! Je freudiger die Aussicht, sich der Geliebten gefällig erweisen zu können, den Almansor überrascht, um so bestürzter wird er über den Inhalt ihrer Bitte, und bitterer Ingrimm erfaßt ihn, als er vernimmt, der vermeinte Gärtner sei ihr Gatte, der nur durch ein unseliges Schicksal von ihr gerissen worden. Das Bekenntniß, daß sie ihn über alles liebe, und die von innigster Ahnung eingegebene Ver-

Einheit des Gedichtes. Reziens Treue und Tugend.

theidigung gegen die falsche Beschuldigung reizen den Alman=
sor noch mehr, so daß er fest erklärt, ihr Gatte müsse sterben.
Reziens Schrei der Verzweiflung bestimmt ihn zum Vorschlage,
durch ihre freie Hingabe das Leben des Gatten zu retten, den
er mit reichen Gaben entlassen wolle. Eine solche unwürdige,
die heilige Reinheit treuer Liebe verkennende Zumuthung weist
Rezia mit Verachtung zurück, und sie erklärt mit edelster, ihrer
vollen Hoheit bewußter Würde, daß sie eher den Tod wählen
würde, als ihm willfahren, daß er sie beide zu Grunde richten,
aber nie sie zu seinem Willen zwingen könne. Noch einmal
wendet Almansor, dessen Liebesglut durch ihren edlen Zorn
und ihren hochherzigen, die Schönheit verklärenden Muth noch
leidenschaftlicher geschürt wird, alle Mittel der Ueberredung an,
er sucht ihre Seele durch den zartinnigsten Erguß seiner Liebe
sich zuzuwenden, er fleht sie um Mitleid mit seinem armen
Herzen, er windet sich im Staube zu ihren Füßen: aber nichts
vermag, sie in ihrer Treue wankend zu machen, die sich durch
Almansors unwürdigen Sinn noch mächtiger gehoben und zur
Erduldung aller Qualen ermannt fühlt. Sein schrecklicher Schwur
läßt ihr nur die Wahl zwischen seiner Hand und dem Feuer=
tode. Ihre Antwort ist ein zürnender Blick, der beredter als
jedes Wort die schon entschieden zurückgewiesene Zumuthung
straft, und als er darauf zum zweitenmal sie zum Entschlusse
drängt, da spricht sie ihren Abscheu gegen den Tyrannen, dessen
Anblick sie nicht ertragen könne, in scharfen Worten aus. So
führt ihre unerschütterliche Liebe sie nicht weniger als Hüon dem
Scheiterhaufen zu. Die edelste Treue hat sich herrlich bewährt,
und so ist Oberons Zorn gesühnt, der reichste Lohn wird dem
seltenen Liebespaar zum schönsten Theil. Mit der Ausführung

III. Plan und Entwicklung.

dieser glücklichen Wendung ihres Verhältnisses schließt das Epos ab, nachdem die eigentliche Heldenthat, auf die alles hindeutete, im siegreichen Kampfe Hüons und Reziens gegen die lockenden Reize von Almansaris und Almansor sich auf das herrlichste offenbart hat. Den tapfer errungenen Sieg krönt das heitere Siegesfest. Oberons und Titaniens Segen folgt dem treuen Liebespaare, das ihre Wiederversöhnung möglich gemacht; Karls grimmer Zorn weicht liebevollster Anerkennung und lobpreisender Erhebung wacker bewährten Rittermuthes.

IV. Ausführung und Darstellung.

Wenden wir uns vom Inhalt zur Ausführung, so liebt das romantische Epos die bunteste Verschlingung mannigfacher Geschichten zu einem reich sich entfaltenden Gewebe. Am weitesten hat dies Ariost getrieben, der in dem häufigen raschen Abspringen von einer Erzählung zur andern meist bloßer Laune und dem Verlangen nach Abwechslung folgt, wobei er auf eine wenigstens ungefähr gleiche Zeitdauer der sich unterbrechenden Geschichten gar nicht geachtet zu haben scheint. Wieland hält hier eine schöne Mitte. Schon die Einflechtung des Streites zwischen Oberon und Titanien und der Betheiligung beider Gatten am Schicksal des Liebespaars nöthigt den Dichter, zuweilen seine Erzählung abzubrechen und zu einer andern überzugehn. Dazu kommt, daß am Anfange Hüons und Reziens Zustände neben einander hergehen, später die Geliebten wieder von einander getrennt werden. Eine noch größere Verschlingung verschiedener Fäden gewann der Dichter durch die Schicksale Scherasmins und der ganz aus eigenen Mitteln ausgestatteten Fatme, die sich endlich mit Hüon wieder wunderbar zusammenfinden. Auch die Erzählungen von Rosetten und Gangolf und von den Schicksalen Alfonsos bieten einen lieblichen Wechsel und eine

IV. Ausführung und Darstellung.

nicht unerwünschte, dem Wesen des Epos ganz gemäße Unterbrechung. Ist der Uebergang von einer Erzählung zur andern auch zuweilen rein äußerlich, wie V, 22. IX, 1. 6. 32, so erfreut uns dagegen an manchen Stellen eine mit besonderer Kunst unmerklich sich bildende, leise sich anschmiegende Verbindung. Man vergleiche in dieser Beziehung VIII, 55 f. 68 f. IX, 42. X, 12—14. 15—19. XI, 24. 32. Ein auffallendes Mißverhältniß zwischen der Dauer der sich durchschlingenden Begebenheiten dürfte kaum nachzuweisen, dagegen möchte VIII, 39 die vorgreifende Bemerkung von den mehr als hundert Wochen, welche Hüon die gelobte Entsagung standhaft gehalten, nicht ohne allen Anstoß sein. Trotz aller Verschlingungen ist der Verlauf der Begebenheiten ein durchaus klarer, da der Dichter überall auf das folgende passend vorbereitet und auf das vorhergehende sich zurückbezogen hat, wie z. B. Scherasmins Aufsuchung seines Herrn zu Rom im Lateran VIII, 12—14 durch Hüons Aufforderung VII, 4 veranlaßt ist. Sehr glücklich tritt auch VIII, 35 f. eine kurze Wiederholung von Hüons Schicksalen ein, die uns einen lichten Rückblick gewährt, wogegen XI, 25, 5—8 sich eine unnöthige Rückweisung findet.

Von bedeutender Wichtigkeit für die Fortspinnung des Hauptfadens der Erzählung ist der Punkt, mit welchem der epische Dichter anhebt. Vor und nach Horaz hat man in dieser Beziehung Homers Gedichte mit verdientem Ruhme erhoben, da dieser uns geschickt in die Mitte der Handlung hinein zu versetzen und unsern Antheil immer höher zu steigern, immer lebendiger zu spannen wisse. Auch Wieland bewährt sich hier als denkender, geschmackvoller Künstler. Er beginnt nicht etwa mit dem Kampfe zwischen Hüon und Charlot oder mit der Szene

Verschlingung. Anfangs- und Endpunkt der Handlung.

am Kaiserhofe, wodurch er nicht allein einen viel zu bedeutend hervortretenden Anfang erhalten haben würde, gegen den das zunächst folgende nothwendig matt abfiele, sondern die Erzählung würde sich dadurch auch, besonders im Verhältniß zur Haupthandlung, viel zu lang hinstrecken, ohne lebhaften Antheil zu gewinnen. Treffend wählt der Dichter den Augenblick, wo Hüon*) vom Papste mit seinem Segen entlassen und dringend ermahnt wird, nach dem heiligen Grabe zu wallfahrten, was er als frommer Christ und treuer Sohn der Kirche nicht versäumt, wodurch er denn an Muth und Glauben doppelt kühn wird. Daß er im Stande der Gnade sich befindet, ist für Oberons Hülfe von ganz besonderer Bedeutung. Vgl. II, 40 f. Nachdem er so als frommer Ritter uns entgegengetreten, sehen wir ihn gleich seine abenteuerliche Fahrt beginnen, wo er denn bald glücklich auf Scherasmin trifft; erst als dieser erste Vorschritt der Handlung geschehen ist, ergreift der Dichter die Gelegenheit, Hüon selbst die Veranlassung zu seiner abenteuerlichen, von Karl ihm befohlenen Fahrt erzählen zu lassen. Gleich dem Anfang ist auch der Endpunkt treffend gegriffen, indem das Gedicht mit dem Erlöschen von Karls Zorn und der rühmlichsten Anerkennnng von Hüons bewährter Rittertugend endet. Wie die Liebesgeschichte, welche wir als menschlich bedeutsames Ereigniß des Gedichtes erkannten, in dem jubelnden und preisenden Empfang in Oberons und Titaniens Palast ihre Vollendung gefunden, so wird der dieses umgebende Rahmen des im Zorne

---

*) Wieland bezeichnet ihn gleich als einen auf Abenteuer ausziehenden Ritter, als einen Paladin; auch wird er III, 4 so angeredet. Später heißt er so in der ursprünglichen Bedeutung als einer der Heldenritter aus dem Kreise Karls des Großen.

IV. Ausführung und Darstellung.

befohlenen verderblichen Abenteuers in der Szene am Kaiserhof geschlossen. Wie viel bedeutsamer aber wirkt diese letztere, als wenn das Gedicht gleich mit dem Kaiserhofe begonnen hätte! Wieland erkannte sehr wohl das Bedürfniß eines glücklichen Wechsels, der ihn unter anderm auch bestimmte, den Hüon bei der Rückkehr nicht wieder beim Papste vorsprechen zu lassen, obgleich der päpstliche Segen am Schlusse eigentlich noch immer fehlt, ein Mangel, den die lebhafte Darstellung den gespannten Zuhörer völlig übersehn. läßt In der durch die hinreißende glückliche Darstellung gelungenen Verdeckung solcher dem nüchtern nachspürenden Verstande sich ergebenden Mängel besteht ja eine besondere, nicht immer richtig gewürdigte Kunst des epischen Dichters. So fällt es dem Leser z. B. gar nicht auf, daß Hüon sich in der arabischen Sprache zu Bagdad und überall sonst leicht zu verständigen weiß, obgleich Wieland uns I, 12 ausdrücklich sagt, daß er die Sprache des Landes nicht verstanden, wogegen Scherasmin sie sich angeeignet habe. Wenn der Dichter hier seinen Helden im Araberlande in seiner heimischen Sprache den Weg nach Bagdad erfragen läßt, so ist dies einer der launigen Züge, deren sich Wieland nicht enthalten konnte. Schon IV, 56 spricht Hüon gebrochen arabisch, obgleich er kurz vorher (IV, 27) dieser Sprache noch nicht mächtig scheint.

Von ganz eigenthümlicher Art ist der Anruf der Musen am Anfang unseres Epos. Der Dichter fühlt sich von einer besondern Lust ergriffen, noch einmal einen Flug in das romantische Land zu wagen, weshalb er die Musen auffordert, ihm den Hippogryphen zu satteln, und bald sieht er sich von einer mächtig

Wechsel. Unwahrscheinlichkeit. Anruf der Musen. 139

ihn fortreißenden Vision umspielt.*) Den von Ariost (IV, 18 f.) geschaffenen Hippogryphen (Roßgreif) macht Wieland hier zum Vertreter der romantischen Dichtung, zum Dichterrosse, und er gibt den Gegenstand seines Epos dadurch noch bestimmter zu erkennen, daß er das „alte romantische Land" nennt.**) Der Gegensatz zum eigentlichen heroischen Epos, das die Person des Dichters ganz aus dem Spiele läßt, erscheint auch schon darin, daß Wieland sich auf seine frühern Gedichte dieser Art, auf Idris und Amadis bezieht, die aber freilich von ganz anderer Art sind, da der Dichter dort auf dem Boden der Persiflage steht, der das ganze phantastische Spiel nur eine neckische Spielerei ist. Wieland versetzt sich gleich mitten in den Kampf Hüons im Palast des Sultans hinein, und er verfolgt die Handlung in den Hauptpunkten bis zu dem Augenblick, wo sie auf die Klippeninsel sich trostlos verschlagen, auf den dürftigsten Lebensunterhalt sich beschränkt sehen. Auffallend ist es, daß der kurze hier gegebene Abriß, der als Gegenstand das Liebesschicksal eines treuen Paares darstellt, von dem ihr Schutzgeist Oberon sich wegen Verletzung seines Gebotes hat abwenden müssen, von der folgenden Darstellung in mehrern Punkten

---

*) Hierbei schwebt ohne Zweifel die Stelle des Horaz carm. III, 4, 5—7 vor, wo der Dichter die Seligen im Elysium zu sehn glaubt, und fragt: „Hört ihr? oder täuscht mich ein glücklicher Wahnsinn?"

**) Im folgenden sind die beiden Fragen: „Wer schlang das magische Band um meine Stirne? Wer treibt von meinen Augen u. s. w.", eng miteinander zu verbinden. Priester und Wahrsager, auch Apoll als Dichtergott, tragen Binden, denen Wieland hier die magische Kraft zuschreibt, die Bilder der Vorwelt vor den Blicken des Dichters zu enthüllen. Daß Götter den Nebel, der die Augen der Sterblichen umfängt, augenblicklich schwinden lassen, findet sich schon bei Homer. Schillers Kassandra liegt hier sehr nahe.

abweicht, was sich dadurch erklärt, daß dem Dichter beim Anfang die weitere Entwicklung noch nicht im einzelnen genau so vorschwebte, wie er sie später gab, und er hiernach den Anfang zu verändern unterließ; indessen tritt diese Abweichung wenig hervor, da ein bedeutender Theil des Gedichtes dazwischen liegt. Für uns haben diese Abweichungen fast nur insofern einige Wichtigkeit, als sie auf den zuerst vorschwebenden Plan hindeuten. Zunächst ist zu bemerken, daß hier nur des ersten Gebrauches des Horns gedacht wird, nicht des zweiten gewaltigen Blasens von Scherasmin, auf welches Oberon selbst erscheint.*) Eine freiwillige Trennung Scherasmins von Hüon vor dem Beginne des Sturms beabsichtigte Wieland früher nicht; dieser sollte auf demselben Schiffe bleiben, bis zwei Tage vor der Beendigung der nach Italien gerichteten Fahrt die Verletzung des heilig gegebenen Wortes den Sturm veranlaßt; denn anders können die Worte: "O rette, rette sie, getreuer Scherasmin, wenns möglich ist!" kaum gefaßt werden. Finden wir weiter als einzige Kost des nackt und hülflos ans öde Ufer verschlagenen Paares "Beeren wilder Art" genannt, "die kärglich hier und dort an kahlen Hecken schmoren", so stehen an deren Stelle VII, 63 ff. die Früchte von Dattelpalmen. Freilich werden auch VII, 44 "Heidekraut und dünne Brombeerhecken und Disteln" erwähnt, die sich auf dem kahlen Grund verstecken, und später VI, 86 Wurzeln, eine Hand voll Beeren, ein Möwenei, ein

---

*) Die Worte: "Triumph, Herr Ritter, Triumph! Gewonnen ist die Schöne!" sind, trotz des ganz ähnlichen Verses in Fatmens Mund: "Triumph, Prinzessin, Triumph! Der Ritter ist gefunden!" (V, 12), nicht etwa dem Scherasmin zuzuschreiben, sondern der Dichter, der sich mitten in die Handlung versetzt, spricht hier, wie in der ganzen folgenden Stelle.

Anruf der Musen.

halb verzehrter Fisch als zeitweilige Nahrung genannt, aber die längste Zeit erhielten sie sich von Datteln. Die ganze Episode von Alfonso scheint nach I, 6 ursprünglich gar nicht in Wielands Plan gelegen zu haben. Auch Oberons Thränen I, 7 stimmen nicht mit der spätern Darstellung, wo der Feenkönig sich ganz von Hüon abgewandt hat, und erst dann sein Auge wieder zu ihm wendet oder vielmehr sein Unglück aus der Ferne sieht, als er einsam, am Baumstamm festgebunden verzweifelnd jammert. Der Dichter bricht seine freilich für den Leser, der das Gedicht noch nicht kennt, räthselhafte Vision gerade in dem Augenblick ab, wo die Leiden anheben, in welchen das Liebespaar seine Treue bewähren muß, indem er die Muse auffordert, von ihrer trunkenen Schwärmerei abzulassen, da der Hörer ja, wie er launig bemerkt, gar nicht begreife, was das für Gesichte seien, durch die sie ihn in Aufregung versetze; deshalb möge sie ruhig die Sache erzählen. Die ganze Vision 1, 7 bis 7, 4 betrachtet er als Eingebung der aus ihm sprechenden Muse; er erwacht aus dieser Vision wie aus einem Traume. Die Muse soll ihm ganz gelassen berichten, wie ein Freund, der neben uns auf dem Kanapee sitzt, worauf diese sich denn beruhigt, und nun durch seinen Mund die Sache von Grund aus erzählt.

Schon diese launige Anrufung der Musen zeigt, daß wir es keineswegs mit einem durchaus ernst gehaltenen Epos zu thun haben, sondern mit einem solchen, das seinen Ton zuweilen herabstimmt und sich in heitern Schilderungen nicht ungern ergeht, das nicht in vollem Pathos einherschreitet, sondern einen anmuthigen Scherz liebt, und wenn es auch die Theilnahme lebhaft spannt, ja zuweilen uns zu hoher Rührung hinreißt, doch die äußerste Gefühlserregung vermeidet, welche die Seele blutig zerreißt. Nirgends finden sich hier so erschütternde Klagen wie die Achills über seines Patroklus, der Andromache über Hektors Tod; wie traurig auch Reziens Trennung von Hüon sein mag, die Grausamkeit ihres Schicksals ist nur vorübergehend, Titania selbst spricht ihr Trost zu, und wenn Hüon, am Baumstamme von den Seeräubern festgebunden, fast verzweifelt, so hat doch der Zuhörer keineswegs die Hoffnung der Rettung aufgegeben, und gar bald sehen wir ihn durch Oberon seiner verzweiflungsvollen Lage halb entrissen. Wieland will gerade den Zuhörer heiter unterhalten, aber dabei einen anmuthigen Blick in die menschliche Seele eröffnen. Schon in seinem Idris (1767) hatte er den Satz ausgesprochen:

<blockquote>Ergetzen ist der Musen erste Pflicht,
Doch spielend geben sie den besten Unterricht.</blockquote>

Im Oberon bemerkt er am Ende der Anrufung der Musen, die Zuhörer ließen sich willig täuschen, und er sei entschlossen, diese zu ergetzen, sofern sie noch ergetzbar seien. Es erinnert dies an Goethes Erzählung, Wieland habe häufig geäußert, man könnte die Leute wohl amüsiren, wenn sie nur amüsabel wären. Hierzu konnte ihm nichts gelegener erscheinen als eine abenteuerliche, fast märchenhafte Geschichte, welcher er das Unglaubliche durch lebhaft hinreißende Darstellung, durch Schilderung schönster rein menschlicher Gefühle (wir erinnern, um der ergreifenden Hauptpunkte der Liebesgeschichte nicht zu gedenken, nur an II, 8 f. IV, 21 f.*), so wie durch die Einfügung ganz gewöhnlicher fast an das Komische anstreifender, aber durch ihre reine Gutmüthigkeit erfreuender Charaktere (man denke

---

*) Daß ihm bei der letzten Stelle sein Geburtsort Biberach vorgeschwebt, verrieth er der Frau von La Roche im Briefe vom 4. Februar 1780.

Launiger Ton des Gedichtes. 143

besonders an Scherasmin und die Mutter Fatmens) glücklich
zu benehmen weiß; lassen wir uns ja gern täuschen, wenn nur
im allgemeinen der Schein der Wirklichkeit erhalten wird, und
wir fühlen uns über manche Bedenken hinweggehoben, wenn
frische Lebenslust uns aus der ganzen Darstellung heimisch anweht. Die schöne, herzliche Theilnahme Oberons, der als Schutzgeist dem von Kaiser Karl auf die ungerechteste Weise in sein
Verderben gesandten Hüon entgegentritt, umgibt nicht allein
sein Bild mit dem Glanze der Wirklichkeit, sondern wir lassen
auch den wunderbaren Becher und das Zauberhorn gern gelten,
die sich beide gleich an bester Stelle glücklich bewähren. Hüons
Traum wird uns durch Scherasmins launige Darstellung, wie
ihn der Alp in seiner Jugend oft gedrückt habe (IV, 13 ff.),
viel näher gerückt, und sein Zweifel, ob es wirklich Geister
gebe, im Gegensatz zu dem Ammenglauben seines treuen Dieners
(II, 19—24), erhöht unmerklich unsern Glauben an die von
ihm nicht bezweifelte Wahrheit von Oberons Erscheinung —
nicht als ob diese vor unserm Verstande dadurch mehr Wirklichkeit gewänne, aber unsere Einbildungskraft fühlt sich dadurch
zur leichtern Aufnahme dieser Wundererscheinungen gestimmt.
Wenn der Dichter bei den Hauptpunkten seiner Erzählung
einen derartigen Glauben zu erwecken sich bestrebt, so kann er
dagegen bei nebensächlichen Darstellungen seinen Humor frei
spielen lassen und durch den mehr scherzhaft gehaltenen Ton
eine Andeutung des Märchenhaften geben, wie dies im dritten
Gesange bei der Erzählung vom Prinzen Alexis, seiner Geliebten Angela und dem Riesen Angulaffer offenbar der Fall
ist, dessen Nacktheit der lüsterne Dichter launig verwendet, wogegen sein „schwarzes Gift" (III, 37, 8) nur eine launige Ueber-

treibung scheint.*) Die lebhafte Darstellung von dem dreimal durch das Horn hervorgebrachten Tanze läßt gerade durch ihre Ergötzlichkeit keinen Zweifel an ihrer Wirklichkeit aufkommen. So weiß unser Dichter überall, wo er es nicht absichtlich vermeidet, uns in den Glauben an die Wirklichkeit des Erzählten hineinzuversetzen, so daß Oberon und Titania nicht geringere Gegenständlichkeit für uns haben als Hüon, Rezia, Scherasmin und die dem ehrlichen Graukopf schalkhaft beigegebene vierunddreißigjährige Amme Fatme.

Die Charaktere hat Wieland mit lebendiger Frische in schönem Ebenmaß durchgeführt, wenn er ihnen auch nicht jene rein umschriebene Klarheit verleihen konnte, welche sie zu selbständigen, vom Glanze höherer Wirklichkeit umflossenen Gestalten voll ewigen Lebens zu erheben vermöchte. Dies ist ihm fast allein bei seinem Scherasmin gelungen, der in seiner gutmüthigen Treuherzigkeit, seiner breiten Geschwätzigkeit, seiner Sorge für leibliche Genüsse, seiner derb kräftigen und tapfern, wenn auch durch abergläubische Vorstellungen beschränkten Natur treffend ausgeprägt ist. Wie Sancho Pansa, mit dem er manche Aehnlichkeit hat**), liebt er Sprichwörter und sprichwörtliche Redensarten; der tüchtige Volksausdruck ist ihm vor allem recht. Hierher gehören das nicht wörtlich angeführte „Träume sind

---

*) Von andern Beispielen dieser anmuthig scherzenden Laune erwähnen wir hier außer den schon früher bezeichneten Stellen I, 9, 2. 12, 5—8. VI, 27, 8. 80, 1 noch II, 23 f. III, 48, 8. IV, 2 f. VI, 24. IX, 15. XI, 49, 3 f., wo der wolkenumgebene Wagen der Benus als bloßer Dichtertraum bezeichnet wird.

**) Wie dieser, muß er auf einem Maulthier wie Jagbab einreiten, wie dieser, unterhält er sich mit seinem „guten, treuen Jungen", ja er versorgt sein Thier, das von allen unedlen Gedanken frei sei, mit einem guten Tropfen aus Oberons Becher.

Schäume" (III, 66), „Man macht dabei (bei der Hoffnung) zum mindsten rothes Blut" (IV, 10), „Nur Gold genug, so ist die Welt zu Kauf u. s. w." (XI, 42), „auf der Hauben haben" (II, 15), „Das lupft mir (vor Schrecken) den Hut" (II, 20), „der Nase nach= gehn" (II, 26), „den Luftpaß (den Weg in die freie Luft) frei lassen" (IV, 61), „aus dem Wasser ziehn" (IV, 64), „in die Brüche gehn" (IX, 11). Ganz diesem Charakter gemäß ist es, wenn er sich selbst „Deine Excellenz" (IX, 8) wie sein Pferd als „treuen, guten Jungen" (IV, 34) anredet, und er IV, 61 „Dulcinea" in „Dulcimene" verwandelt. Auch der kräftige Fluch ventregris (II, 20. vgl. IX, 14)[*] kleidet dem Gascogner, der sich mit herzinniger Liebe seiner Heimat erinnert (IV, 21 f.), dagegen läßt sich die vom großen Pan aufgeschnappte Rede= weise (II, 18), was auch Wieland in der Anmerkung dafür sagen mag, kaum vertheidigen. Neben Scherasmin, den der Dichter mit offenbarster Vorliebe behandelt, dürfte Fatmens Mutter Wieland am meisten gelungen sein, am wenigsten Rezia und Alfonso, die ihm etwas zu weit ablagen; sind sie auch keineswegs verzeichnet, so fühlt man doch das Gemachte, daß ihre Schilderung nicht aus voller Anschauung floß.

Die Darstellung ist im einzelnen jugendlich lebhaft, frisch und rein gemüthlich, da uns fast überall des Dichters gut= müthiger, herzlichen Antheil nehmender Sinn freundlich be= gegnet, der in seinem Oberon unvergänglich fortlebt. Die aufgetragenen Farben sind rein, natürlich und glücklich ver= schmolzen, so daß uns das Bild anmuthig entgegenglänzt, ganz

---

[*] Vielmehr ventre-Saint-Gris! ein Heinrich IV. beliebter Fluch. Gangbare Flüche sind ventre! (wozu de dieu gedacht wird) und ventrebleu, seltener ventre- bille, ventrejoy.

in der dem romantischen Epos entsprechenden Weise. Fehlt dem Dichter auch die reiche Blütenpracht und die mit unendlicher Leichtigkeit spielende bezaubernde Anmuth Ariosts, so übertrifft er diesen weit an Gemüthlichkeit, wobei er uns lieblich anzuziehen und die mannigfachsten Bilder in frischester Auffassung und Ausführung an uns vorüberzuführen weiß. Freilich mit Goethes schöpferisch verkörperten Gestalten, mit seiner ureigenen, aus dem innersten Kern hervorsprossenden, durchsichtig klaren Wahrheit, mit seiner frischen Lebensodem athmenden Natürlichkeit kann Wieland keinen Vergleich bestehn, aber einer solchen, aus tiefster Tiefe mit inniger Empfindung schöpfenden Darstellung bedarf das mehr auf äußere Unterhaltung und reiche Beschäftigung der Einbildungskraft gestellte romantische Epos auch viel weniger, ja man kann sagen, daß sie seinem Wesen widerspreche. An lebhafter Schilderung, frischer Versinnlichung, anschaulicher Vergegenwärtigung fehlt es unserm Dichter eben so wenig als an rasch ergreifender Einbildungskraft und herzlich sich betheiligendem Gemüthe. Bei der Beschreibung der Schönheit bedient er sich häufig der Vergleichung mit der aus Dichtung und Kunst bekannten Idealen in der ihm gangbaren, schon längst von Lessing als erkältend gerügten Weise. Nur an wenigen Stellen hat ihn seine Kraft verlassen, wie VI, 2. VIII, 13. 24, 5—8, wo man jede Andeutung, wie Alfonso zu dem Baugeräth und dem Stoff für seine Kleidung gekommen, gern entbehrt hätte. 29, 6—8. 46. IX, 25. 41. Wenig treffend ist auch VIII, 70, 3 die Bezeichnung Hüons als „alter Freund" Alfonsos.

Manchmal wirkt eine ungehörige Zwischenbemerkung sehr erkältend, wie II, 26, 5. III, 39, 4—8. VI, 97, 1—4. VIII, 44,

Schilderungen. Vergleichungen.

1—3. 46, 1. IX, 4, 5—8. 50, 4. X, 40, 3 f. XII, 56, 3—5. Auch die Stellen, wo Wieland eine Beschreibung aus dem Grunde ablehnt, weil er sich dazu zu schwach fühle (V, 22. 57. VIII, 29. 80. XII, 17), stören die dichterische Stimmung. An manchen höchst treffenden Beschreibungen und Schilderungen fehlt es dem Oberon keineswegs (wir erinnern hier nur an VI, 10 f.), aber mehrfach hat Wieland der Lebhaftigkeit der Anschauung durch Beziehung auf mehr oder weniger bekannte Kunstwerke oder mythologische Hindeutungen geschadet (III, 18. 28. 43. VI, 47. XI, 8 f. 48), wie wir auch sonst einzelne gelehrte Anspielungen oder Hindeutungen auf fremde Eigenthümlichkeiten wegwünschten. Was nützt die Hervorhebung des Ibschoglan und der Kurdé (X, 49. XII, 43), die Erinnerung an Combabus, an den Schwanenwagen der Venus, an die Liebesgeschichten des Jupiter (V, 33. 82. XII, 16)? Auch die Bezeichnung des Meers als Thetis (VII, 10) nach dem Vorgang der römischen Dichter wirkt etwas erkältend, wogegen daselbst die Beschreibung der frühesten Morgenzeit durch das Niedersenken des schon nach Homer „spät untergehenden" Arktur nicht zu mißbilligen ist. Die Hindeutungen auf Alquif (I, 22), auf Aureng=Zeb, den spätern Großmogul (VIII, 80), auf die Sage von den Giganten (III, 27), die, wie es häufig geschieht, mit den als Söhne des Titan[*] bezeichneten Titanen verwechselt werden, auf den Wagen der Venus (XI, 49), die hier Cythere, wie II, 28, 9 in der gleichfalls gebräuchlichen Form Cythere heißt, auf Amor als Löwenbändiger, wie er auf Gemmen erscheint, dessen auch 1771 im Amadis (VI, 7) gedacht war (V, 8), auf die auch im ge-

---

[*] Erst in nachklassischer Zeit wird ein Titan, den man zum Bruder des Saturnus macht, als Vater der Titanen bezeichnet.

IV. Ausführung und Darstellung.

nannten Gedichte (IV, 19) erwähnte Farnesische Kolossalstatue des ruhenden Hercules*) von Glykon dem Lysipp nachgebildet (III, 28), auf Helenens Brust, die den Zorn des Menelaus gelöscht (vgl. im Amadis III, 6) auf das Knie der im Wettlauf unerreichbaren Atalante, Ledas Arm, die Lippen der Erigone, der Geliebten des Bacchus (XI, 9), wobei die Bildhauer Alkamenes und Lysippus erwähnt werden, wie in ähnlicher Weise die Maler Apelles und Tizian XII, 17, auf den Fuß der Genevra, der Gattin von König Artus (IV, 2), und auf Merlin (IV, 20) nach Ariost II, 70 ff. III, 6 ff. u. a., schwächen entschieden die sinnliche Anschauung, statt sie zu erhöhen. Nur ein einziges ausgeführtes Gleichniß findet sich im ganzen Oberon, und zwar ein aus der griechischen Mythologie genommenes (V, 37). Dagegen fehlt es nicht an manchen mehr oder weniger angedeuteten Vergleichungen. Sehr selten tritt die Vergleichung als selbständiger Satz hervor, wie VII, 27: „Es war ein Blitz, der im Entstehn verschwand", 56: „So sinkt, im Sturm zerknickt, der Lilie welkend Haupt", VIII, 20: „Er steht, ein einsamer, vom Sturm entlaubter Baum, Die Quellen sind versieget, wo seine Freuden quollen", XI, 55: „Beim frohsten Göttermahl Reicht ihrem Hercules den vollen Nektarbecher Mit süßerm Lächeln selbst die junge Hebe nicht." Von ähnlicher Art ist VI, 4: „Und junger Epheu kann am Stamm nicht brünstiger kleben, Als sie um seinen Leib die runden Arme schränkt", ein wohl dem Ariost (VII, 29) entnommener Vergleich, obgleich er auch in Shakespeares Sommernachtstraum (IV, 1), ja schon bei Horaz (carm. I, 36, 20) sich findet. Dagegen wird

---

*) Dieser heißt gar „Sohn der langen Wundernacht". Vgl. Ibris I, 43.

Schilderungen. Vergleichungen.   149

VII, 30 das Bild von der Rebe hergenommen. III, 43 heißt es: "Wie eine schöne Vase, Von Amors eigener Hand gedreht."*) Gewöhnlich sind die Vergleichungen durch wie oder gleich angeknüpft, oder der Ausdruck ist bloß bildlich. Aus vielen Beispielen vgl. man III, 37. 40. 61. VI, 33. VII, 10. VIII, 49. XII, 9.**) Biblisch ist der Vergleich von dem unter Rosen weidenden Rehe (V, 17, verglichen mit dem Hohenliede IV, 5)***), eigenthümlich der mit einer dem Fegfeuer entrinnenden Seele (VII, 63). Das starre Bild auf einem Leichensteine und das Engelsbild auf einer Todtengruft (III, 63. V, 68) erinnern an Shakespeare's (Was ihr wollt II, 4) Vergleich mit dem Bilde der Geduld auf einem Grabdenkmal. Vgl. dagegen Goethes Hermann und Dorothea VIII, 93 f. Auch der Engelston der damals noch in Berlin glänzenden eben dreißigjährigen berühmten Sängerin Mara, einer gebornen Schmehling, wird einmal (III, 56) zum Vergleich herangezogen. Die Mutter der Amme wird IV, 38 eine "neue Baucis" (nach Ovid) genannt.

Im allgemeinen ist der Ausdruck klar, treffend bezeichnend,

---

*) Vgl. Goethes Gedicht der Becher (1781):
Nein, ein solch Gefäß hat außer Amorn
Nie ein Gott gebildet noch besessen.

**) Eigenthümlich ist die Wendung I, 15, 7 f., wo der allgemeine Satz "Der Mann — erbeben" die Schrecklichkeit des dunkeln Waldes ausführen soll.

***) Aus der Bibel stammt auch der "Bräutigamsschmuck" der Morgensonne (Psalm 19, 6). Sonst bezieht sich einmal der auf den Himmel vertrauende Hüon (VII, 58) auf ein Bibelwort, Psalm 147, 9: "Der dem Vieh sein Futter gibt, den jungen Raben, die ihn anrufen." Die Anführung des salomonischen Spruches (7, 29) im Munde Oberons (VI, 87) ist aus Pope genommen, der auch andere Bibelstellen in seiner Erzählung January and May herbeizieht. Den Eheteufel Asmodi (XII, 6) nahm Wieland nicht aus dem Buche Tobias, sondern aus Le Sage, wie seine Bemerkung zum Amadis V, 18 zeigt.

IV. Ausführung und Darstellung.

oft mit gemüthlicher Färbung, besonders auf den leichten, lieblichen Fluß der Sprache große Sorgfalt verwandt. Der Periodenbau, worin Wieland einer der kunstvollsten Meister, dessen unendliche Perioden freilich in den Xenien verspottet wurden, ist meistens einfach und läuft rasch und klar ab, obgleich es auch nicht ganz an dunklen und durch Einschiebungen verwickelten Perioden fehlt. Vgl. XI, 31 f. Nur selten ist der Ausdruck unklar, wie X, 1, wo „der Pflichten schrecklichste" die Pflicht sein muß, in der Noth nicht zu verzweifeln, XII, 22, wo unter dem Dämon der Dämon der List zu verstehn ist, VI, 38, „zumal zur Sicherheit", wo Wieland wohl nur an die Pflege des Alten und die sichere Verwaltung des Hauses denkt. Wenn es XII, 35 heißt, die Flamme breche bereits aus Hüons Holzstoß, so versetzt die drohende Almansaris sich in den Augenblick, wo das Schreckliche geschehn wird. Der Wiederholung desselben Ausdrucks hat sich Wieland zuweilen mit besonderer Kraft bedient. Vgl. VII, 71. 73. XI, 58. XII, 29; dagegen ist die Umstellung des Relativsatzes „den ich schwor" XII, 30 gar hart. An manchen Stellen ist der Ausdruck durch treffende Kürze oder ein glückliches Bild zu schönster Wirkung gesteigert. So heißt es II, 36, Ernst und stiller Zorn wölke sich um Oberons Augenbrauen. VII, 54 zittert dem Dichter der Griffel aus der Hand, wo freilich die Erinnerung an das Schreiben erkältend wirkt. Oberon will VI, 88 den Staar von Gangolfs Augen schleifen, wie man Augengläser schleift. Den Garten des genügsamen Einsiedlers bezeichnet Wieland VIII, 25 als den Quell von seinem Ueberfluß. Von der erblassenden Titania heißt es IX, 15, alle Rosen seien von ihren Wangen abgefallen. Die Alte „schwatzt sich zwanzig Jahre jünger" V, 16.

Bildlicher Ausdruck. Niedrige Redeweisen.

Treffend sind die Beiwörter VII, 30: „Er hält die blasse Hand vors Auge", 57: „O leit' auf einer Quelle Spur den dunkeln Fuß." Nicht bloß Wielands Personen, auch außer Scherasmin, bedienen sich nicht selten witziger oder launiger, oft sprichwörtlicher und niedriger Ausdrücke, wie Hüon (IV, 55 „vom Schmaus sein"), Angulaffer (III, 32: „Dein Köpfchen muß dich unerträglich jücken"), der alte Khan (V, 59: „Der Mensch muß unter seiner Mütze nicht richtig sein"), der Anführer der Korsaren (IX, 56: „Ihr reicht Almansaris das Wasser kaum"), ja selbst Rezia, da ihre Frage: „Kennst du mich so?" (XII, 56) für niedrig gelten muß, sondern wir finden dies auch zuweilen in Wielands eigener Erzählung, wo der dadurch beabsichtigte komische Zug wenig angemessen erscheint. I, 8 „sich auf den Kanapee*) niederlassen." II, 45: „Das Klostervolk streicht sich beschämt davon." III, 42 wird bemerkt, Angelens Blick sei dem Hüon so gleichgültig gewesen, wie der eines Haubenkopfs (Haubenstocks). Der Khalif läßt sich V, 35 durch nichts in seinem Opfer (dem Trinken) stören. VI, 13: „Ist Opium für ihren Liebesdrang." VIII, 16: „Und gleich dem Stein der Narrn Weisen) die Hoffnung ewig täuschet." IX, 12: „Das Schulterblatt weisen." IX, 21: „Ruft Scherasmin in gleicher Melodie." Launig tritt XII, 2 die Frage „wie lang?" ein, und in gleicher Weise ist die Eifersucht XII, 6 eingeführt. Unedel sind die Ausdrücke „die Herzen in der Klemme" (XII, 57), „durchtrotten" (XI, 14) und wenigstens nach jetzigem Sprachgebrauch das mehrfach vorkommende Klepper für Renner. Eine glückliche Verbindung ist dir knien (XII, 44), nicht weniger gelungen

---

*) Der Kanapee hat Wieland auch im Amadis X, 3, wie man der Sopha früher regelmäßig sagte, doch findet sich sonst nur das Kanapee.

die Neubildungen **Jungfernzwinger** (III, 32), **aufbauten, emporbauten** (VII, 48. 59). VIII, 75 lesen wir jetzt „ent- wacht ihrem Traum", wo früher stand „erwacht aus ihrem Traum". Sollte Wieland hierzu durch Voß veranlaßt worden sein, der in seiner Luise die mit **ent** zusammengesetzten Zeitwörter so sehr liebt? Ein andermal hat er „dem Pferd entstürzt" in „vom Pferde stürzt" geändert. Kaum dürften zu billigen sein **unangemuthet** (III, 59), **barnach bangen** (VI, 27), **zum Gärtnerschurz betitelt** (X, 53). **Allzuhauf** (V, 38) hatte schon vor Wieland J. G. Jacobi gebraucht. Mit Absicht sind manche ältere Formen oder Bedeutungen aufgenommen, wie **Turnei, Verdrieß, Fahr, Fant, Magd** für **Mädchen, Bühl** für **Hügel, Stange** für **Speer, Schimpf** für **Scherz, Wage** für **Wagniß, risch, bar, unvonnöthen** im Munde der Alten IV, 47, **eitel** für **lauter, burstig- lich***), **verluppen** für **verzaubern, stapfen, obsiegen**. Anderes jetzt veraltete ist beibehalten. Manches dieser Art wurde gelegentlich erwähnt. Wir führen hier noch an das häufige **Ruine** für **Trümmer**, auch außerhalb des Reimes (VII, 37. 94. VIII, 51. IX, 48), **einschläsen** statt **einschläfern** (X, 10), den Gebrauch von **nähern** ohne sich mit einem Dativ, das sich auch in Prosa findet (VII, 67), woneben wir das eigenthümliche **sich nähern zu einem** finden (XI, 4), **noch** (statt **weder**) — **noch, weil** für **indem, anländen, lüstig**, die Mehrheit die **Krystallen** (VIII, 8. 52), die Adelung nur für

---

*) Falsch ist VI, 32 **burstiglich** nach Luthers **bürstiglich** gebildet, das, wie das von diesem gebrauchte **bürstig** von **Durst, Kühnheit**, stammt. Wieland hat auch **züchtiglich**. Dieses häufig antretende **lich** bezeichnet er als veraltete oberdeutsche Form.

Altes und Veraltetes. Reimzwang. 153

die Chemie gestattet, sahe, begonnte, verdrungen, die
Elisionen vorigs, innigers, Höllngezücht, unzugang=
barn, findt u. a., von denen Wieland manche schon 1788 ge=
ändert hatte. Hier gedenken wir auch der Form Mahom, die
Wieland aus dem Französischen nahm, wo sie aber keineswegs,
wie er meinte, komisch war, sondern eine der gangbaren Ab=
kürzungen, wie auch im spanischen Mahoma. Der Reim hat
einzelne falsche Formen zu verantworten, wie vor allen statt
allem (VI, 21), unsre beide statt beiden (III, 4), über=
walle statt überwallte (VII, 27), Gattens statt Gatten
(VIII, 63), Schöne statt Schönen (XII, 92), das nur in
anderer Bedeutung gebräuchliche versteinen statt versteinern
(VIII, 61), das Wieland selbst an andern Stellen gebraucht,
aber im Glossarium irrig für eine unrichtige Bildung erklärt
(vgl. vergöttern, begeistern, verzärteln), einmal sogar
die Wahl eines ganz ungehörigen Zeitwortes; denn VII, 46 ist
das Brüllen vor Wuth und Angst unmöglich zu billigen.
Auch einen matten Ausdruck hat der Reim bisweilen veranlaßt,
wie VI, 14, 4. VII, 99, 5. IX, 17, 6. Den Gebrauch einzelner
Wörter und Wortformen finden wir nur im Reime, wie saumen
statt säumen VII, 50, sich verwägen X, 6, was außerhalb
des Reimes in sich vermessen geändert ist (V, 36)*), ver=
loffen (III, 26. IX, 47. 50), was an ersterer Stelle nach Ver=
lauf nicht ohne Anstoß ist, vergibet, umgibet, verbrennet,
stund, Phantasei.

Bei dem Versmaße hatte Wieland nicht sowohl die Nach=
ahmung der italienischen, wie er glaubte, in einem größern

---

*) Auch Schiller braucht so sich verwägen nach Tschubi im Tell IV, 2
(Erläuterungen S. 207*).

IV. Ausführung und Darstellung.

deutschen Gedichte unmöglich treu wiederzugebenden Stanze als die Leichtigkeit und Beweglichkeit der Darstellung im Auge. Schon den Jdris (1767) hatte er in einer Art von achtzeiligen Stanzen gedichtet, die sich von den italienischen ottave rime dadurch unterschied, daß die Silbenzahl der Verse von acht bis dreizehn wechselte, die zwei Reime der sechs ersten Zeilen willkürlich vertheilt wurden und die Wahl zwischen männlichen und weiblichen Reimen an allen Stellen der Stanze gestattet blieb. Den Amadis (1771) begann der Dichter in zehnzeiligen Strophen, in welchen er Verse von vier, fünf und sechs Füßen mit einander abwechseln ließ, auch statt des Jambus nach Belieben sich des Anapästes bediente; vom zweiten Gesange an hielt er sich auch nicht mehr an die bestimmte Verszahl der Strophen, sondern überließ sich hierin der Laune und dem Zufall; erst bei der folgenden Auflage wurden alle Gesänge zu zehnzeiligen Strophen umgearbeitet. Im Oberon hat Wieland die beim Jdris genommenen Freiheiten noch weiter dahin ausgedehnt, daß die Reime häufig nur zweimal, in einzelnen Fällen auch viermal wiederkehren[*], die beiden letzten Verse willkürlich in das Reimband verschlungen werden, statt des Jambus auch der Anapäst eintritt.[**] Wieland bemerkt in der Vorrede zur zweiten Ausgabe des Amadis: „Daß die Mannigfaltigkeit der

---

[*] Zuweilen kommen in einer Strophe nur zwei Reime vor, wie II, 39. VI, 37. 43. 48. VII, 35. 92. XII, 33.

[**] An vielen Stellen, wo der Daktylus leicht zu vermeiden war, hat Wieland ihn absichtlich als ausdrucksvoller oder wohllautender gesetzt. Man vergleiche nur folgende Verse:

Und aus dem Wege dem rohen Volk zu gehn.

Daß ihm ein blutiger Strom aus Mund und Nase quillt.

Den tapfern Mann ergetzt ihr traulich frohes Gewühl.

Formen, die in den zehnzeiligen Stanzen des neuen Amadis (eben so, in ihrer Art, wie in den achtzeiligen des Oberon) herrschet, vielmehr für eine Schönheit als für einen Fehler desselben zu halten sei, werden uns vermuthlich die meisten eingestehn, welche Sinn für die Grazien eines Silbentanzes haben, der bei aller seiner Freiheit niemals, oder doch nur selten, über die Wellenlinien der Schönheit hinausschweift, und, wiewohl an einem losen Bande geführt, doch in seiner scheinbaren Ungebundenheit, immer zwischen Rhythmus und Harmonie dahin schwebt." Und niemand kann leugnen, daß Wieland diese losere Form mit viel Geschmack, Einsicht und strengem Fleiß auf das zweckmäßigste benutzt, und sich hierdurch ein höchst passendes, immer trefflich gleich Angulaffers Zauberring sich anschmiegendes Gefäß gewonnen hat. Man vergleiche nur den so bezeichnend bewegten Gang der Anfangsstanze, die sechsmal im letzten Fuße den Anapäst hat, mit längern und kürzern Versen wechselt, im zweiten Theile eine andere Reimfolge zeigt:

> Noch einmal sattelt mir den Hippogryphen, ihr Musen,
> Zum Ritt ins alte romantische Land!
> Wie lieblich um meinen entfesselten Busen
> Der holde Wahnsinn spielt! Wer schlang das magische Band
> Um meine Stirne? Wer treibt von meinen Augen den Nebel,
> Der auf der Vorwelt Wundern liegt?
> Ich seh' in buntem Gewühl, bald fliegend, bald besiegt,
> Des Ritters gutes Schwert, der Helden blinkende Säbel,

mit dem ruhigen, leichten Schritte der keinen Anapäst sich gestattenden Schlußstanze des vierten Gesanges:

> Allmählich schlummerte der Alte unter diesen
> Gesprächen ein. Von Hüons Augen bleibt
> Der süße Schlaf die Nacht hindurch verwiesen.
> Gleich einem Kahn auf hohen Wogen, treibt

IV. Ausführung und Darstellung.

> Sein ahnend Herz mit ungeduldgem Schwanken
> Auf ungestüm sich wälzenden Gedanken:
> So nah dem Port, so nah und doch so weit!
> Es ist ein Augenblick und däucht ihm Ewigkeit,

oder mit den schön malenden Stanzen:

> Die Söhne der Wüste, magnetisch angezogen
> Von Hüons Helm, der ihnen im Sonnenglanz
> Entgegen blitzt, als wär er ganz
> Karfunkel und Rubin, sie kommen mit Pfeil und Bogen
> Den Säbel gezückt, im Sturm heran geflogen.
> Ein Mann zu Fuß, ein Mann zu Pferd
> Scheint ihnen kaum des Angriffs werth;
> Allein sie fanden sich betrogen. —
> Ein Strom von bittern Thränen stürzt mit Wuth
> Aus Hüons Aug' von jenen furchtbarn Thränen,
> Die aus dem halb gestockten Blut
> Verzweiflung preßt, mit Augen voller Glut
> Und gichtrisch zuckendem Mund und grimmvoll klappernden Zähnen.
> Amanda, sanft und still, doch mit gebrochnem Muth
> Die Augen ausgelöscht, die Wangen welk, zu Scherben
> Die Lippen ausgedörrt — Laß, spricht sie, laß mich sterben!

Andere Beispiele dieser Art bieten V, 1. XII, 70. Freilich hat man neuerdings Wieland rhythmischen Sinn abzusprechen gewagt!

Ist auch Wielands Vorurtheil gegen die Möglichkeit der Durchführung der italienischen Stanze in unserer Sprache längst widerlegt, ja schon vor dem Oberon durch Heinse, später durch Goethes Geheimnisse (1785), deren metrische Vortrefflichkeit er selbst höchlich pries, so würde doch sein Oberon, hätte er ihn in diese, geringere Abwechslung gestattende Form einzwängen wollen, unendlich verloren, seinen reichen, mit lieblich wechselnden Windungen uns erfreuenden frisch heitern Fluß eingebüßt haben. Wie große Freiheit der Bewegung sich Wieland auch sonst erlaubt, so hat er doch nur in höchst seltenen Fällen eine

Versmaß. Reim. 157

Periode in die folgende Strophe hinübergezogen. Man vgl.
I, 6. VI, 28. VIII, 7—9. 46. XI, 1. XII, 29. An allen diesen
Stellen wird dadurch entweder die Raschheit der Darstellung
gehoben oder das Abbrechen des Gedankens zwischen beiden
Strophen wirkt mit besonderer Kraft.

Im Reime hat sich Wieland mancherlei Freiheiten ge=
stattet, wie sie damals ganz allgemein im Gebrauch waren,
doch im ganzen mit verständigem Maß. So reimen nicht bloß
dieselben Vokale, wie verschieden auch ihre Aussprache sein mag,
wie davon mit Lohn, hin mit Sinn, saßen mit lassen,
Abt mit begabt, Wald mit schallt, der mit leer, sondern
auch i, ie mit ü (Gewissen mit Füßen, müssen, schien
mit Grün, finden mit Gründen), ei mit eu, äu (Eile
mit Beule, verzeihen mit gereuen, Reime mit Träume),
e mit ä (Welt mit fällt, spähen mit sehen), e mit ö (Stelle
mit Hölle, werth mit schwört, rennen mit können, Seele
mit Höhle, wenig mit König), ja auch in einigen Fällen
ä mit ö (Zähne mit kröne, Söhne, spähen mit Höhen,
beschämt mit strömt). III, 57 steht je im Reime mit Har=
monie, Knie, sie und XI, 47 mit Lazuli und sie. Zur
erstern Stelle bemerkt Wieland, daß, da man einem deutschen
Dichter das Reimen nicht ohne Noth erschweren sollte, weil
unsere Sprache arm genug an Reimen sei, man dem reimenden
Dichter gestatten müsse, sich der Wörter je, jeder und jetzt
sowohl in dieser neuern als in der altdeutschen Form ie (noch
im Oberdeutschen üblich, fast wie i gesprochen), ieder und ißt
nach Gefallen zu bedienen. Demnach ist an beiden Stellen ie
und VIII, 9 ißt zu schreiben, das auf schützt reimt. Auch
andere Dichter haben sich dieser Freiheit bedient. Nur zwei

IV. Ausführung und Darstellung.

Beispiele eines Reimes des harten Lautes auf den weichen finden sich, Pferde mit hörte und beladen mit waten. An drei Stellen vermißt man den Reim. III, 49 soll gehn mit ihn reimen, was doch wohl nicht auf die schwäbische Aussprache des i als e zu schieben, IV, 61 sei mit ungescheut, wo wohl ohne Scheu, VII, 40, wo an der Stelle von hin ein Reim zu auf und Hauf, wohl drauf stehn sollte. Selten finden wir dasselbe Wort im Reime, zweimal mit besonderm Ausdruck, in zwei unmittelbar aufeinander folgenden Versen (I, 41. III, 18. IV, 60. V, 82. VII, 57. 81. 92. VIII, 24. 59. XI, 26. XII, 25. 72). IX, 19 stehen die Reimworte Geblüte, sind, Kind, Blüte. Wie hier Blüte und Geblüte, so reimen anderwärts Wesen und gewesen, sie und Phantasie, umher und hierher. Höchst selten steht ein mit dem folgenden Verse untrennbar verbundenes einsilbiges Wort im Reime. VIII, 21: „Ein alter Diener, der | Ihn nicht verlassen wollt'." XII, 29: „Und mit | Dem Schmerz." XII, 85: „Vor den Damen und | Den Rittern." Häufiger geschieht dies bei zweisilbigen Wörtern, wie zwischen, neben, keinen (Gedanken). An manchen Stellen setzt Wieland fremde Namen in den Reim, wie Rom, Babylon, Oberon, Guyenne, Acqs (worauf Wachs reimt), Montlery, Garonne, Magans (alte Form für Mainz), ventregris, Lapis Lazuli. Ueber die durch Reimnoth veranlaßten Formen vgl. oben S. 153.

Betrachten wir endlich das Alleräußerlichste, den Titel, so muß es auffallen, daß dieser nicht Hüon, sondern Oberon lautet. Gruber, der vertraute Freund von Wielands letzten Lebensjahren, hat die seltsame Ansicht geäußert, der Dichter habe diesen Titel gewählt, um der Einführung des Feenreiches das Ansehen einer unnützen Maschinerie zu benehmen; denn jetzt erwarte man schon nach dem Titel Oberons Erscheinen als etwas Wesentliches und ihn selbst als denjenigen, auf welchen sich nothwendig alles beziehen müsse. Als ob dem Titel eine solche Macht inne wohne, und dies nicht ganz und gar dem Inhalte des Gedichtes widerspräche, der unleugbar nur in Hüons Abenteuer, nicht in Oberons Einwirkung besteht, wenn auch in der Einleitung nicht Hüon, sondern, aber erst nach Scherasmin, Oberon genannt wird. Eine viel einfachere Deutung liegt ganz auf der Hand.*) Hüons Name war in Deutschland viel zu unbekannt, als daß dieser hätte anziehn können; deshalb wählte Wieland den aus Shakespeares Sommernachtstraum im Gedächtnisse vieler Deutschen freundlich schwebenden Feen= könig zum Namenträger seines Epos, und traf dieses im Grunde wenig zu, so hatte es mit dem Titel des neuen Epos ja ganz dieselbe Bewandtniß wie mit dem der Ilias und des an Bojardos verliebten Roland sich anschließenden rasenden Roland. Der Titel schien dem Dichter seine Pflicht vollkommen zu erfüllen, wenn er ihm Leser anlocke, welche das Gedicht selbst gewiß fesseln werde, und der Feenkönig Oberon (Auberon, Alberon), der an unserm Zwergelfen Alberich seinen eben= bürtigen, aber weniger zu Glanz und Herrlichkeit berufenen Bruder hat, mag es unserm gemüthlichen, von jugendlicher Lebhaftigkeit bis in sein höchstes Alter erregten Dichter danken, daß er ihn zu so hoher Ehre gebracht und sein Reich auch über die deutschen Gauen ausgedehnt hat, wo Wielands lieblich duftender Sang und Webers Tonschöpfung dem guten und edlen, dabei gut christlichen „Waldgeist" unsterbliches Leben sichern.

) Wielands eigene Erklärung vgl. oben S. 72).

Inhalt.

	Seite
I. Entstehung	1
II. Stoff	31
III. Plan und Entwicklung	87
IV. Ausführung und Darstellung	135

www.ingramcontent.com/pod-product-compliance
Lightning Source LLC
Chambersburg PA
CBHW030253170426
43202CB00009B/727